직장에서
직업을 구하라

직장에서 직업을 구하라

발행일	2020년 3월 20일

지은이	이호재		
펴낸이	손형국		
펴낸곳	(주)북랩		
편집인	선일영	편집	강대건, 최예은, 최승헌, 김경무, 이예지
디자인	이현수, 한수희, 김민하, 김윤주, 허지혜	제작	박기성, 황동현, 구성우, 장홍석
마케팅	김회란, 박진관, 조하라, 장은별		
출판등록	2004. 12. 1(제2012-000051호)		
주소	서울특별시 금천구 가산디지털 1로 168, 우림라이온스밸리 B동 B113~114호, C동 B101호		
홈페이지	www.book.co.kr		
전화번호	(02)2026-5777	팩스	(02)2026-5747

ISBN	979-11-6539-144-7 03320 (종이책)	979-11-6539-145-4 05320 (전자책)	

취미가 직업이 되는 세상

직장에서
직업을 구하라

이호재 지음

북랩 book Lab

24년 전, 21세의 나이에 15세인 아내를 만나 아이 세 명을 낳고 키우며 죽지 않을 만큼 고생했고, 몸과 마음은 아프고 힘들었습니다. 이 고통이 언제쯤 끝날 것인지. 과연 끝이 나기는 하는 건지. 앞이 보이지 않는 캄캄한 현실을 산다는 것은 그야말로 견디기 힘든 시련이었습니다. 더는 뭔가 하겠다는 의욕도 전혀 없었고, 내 삶이 나아질 희망도 없었기 때문에 수백 번 죽고 싶었습니다.

그러던 어느 날, 지금의 고생은 고생도 아니겠다는 생각이 들었습니다. 지금이야 직장에 대한 불평불만을 하면서도 회사를 다니고 있지만, 앞으로 10년 후에는 직장이 있을 거라고 장담할 수 없다는 걸 느꼈습니다. 지금도 사는 게 지옥인데…. 은퇴 후 미래의 삶은 불 보듯 뻔했습니다. 일자리 구하기도 하늘의 별 따기만큼 어려울 테고, 설령 구한다고 해도 최저시급을 넘기지 못할 텐데…. 100세를 사는 세상에 40년 이상을 돈 때문에 행복은커녕 불행한 삶을 산다고 여기니 TV에서 보던 노년의 삶이 남의 이야기로 보이지 않았습니다.

되돌릴 수 없는 과거의 가난은 추억으로 만들고 매일 미래를 위한 성장의 씨앗을 키우며 평범한 직장에서 직업을 구하는 중입니다. 매일 글 쓰며 작가의 삶을 살고, 작가의 꿈을 간직한 이들을 돕고 있습니다. 3년 전 30kg 실전 다이어트 경험으로 다이어트 선생님으로 살고 있으며, 가끔 여행을 하면 여행블로그를 포스팅하고, 맛집에 가면 맛집 포스팅도 합니다. 닉네임 '있어와 함께' 블로그를 운영하면서 틈틈이 요식업 창업에 관심을 두며 은퇴 후 인생 2막을 준비하며 즐기고 있습니다.

제가 고통이라고 생각했던 시절, 솔직히 저는 남이 만들어 놓은 직장만 다녔을 뿐 아무것도 하지 않았습니다. 가난한 행동만 시종일관하면서 가난하기 때문에 어떤 것도 할 수 없다는 말도 되지 않는 핑계로 세상을 외면했습니다. 진짜 삶이 힘들었다면 그 힘듦을 해결하면 됩니다. 다이어트가 힘들다고 말합니다. 그것은 다이어트를 하지 않아서 힘들다고 말하는 겁니다. 다이어트에 성공만 하면 인생이 송두리째 바뀌는데, 진짜 힘들까요?

은퇴 후 인생 2막도 다이어트와 다르지 않습니다. 직장에서 직업을 구한 사람이 무엇이 두려울까요? 하지만 직장에서 직장만 다니는 사람은 상상 이상의 두려움을 맞이할 각오를 해야 할 겁니다. 주위를 둘러보면 결혼 생활이 힘들다, 육아로 고통스럽다, 직장생활로 인한 스트레스가 크다, 그리고 가장 힘들게 하는 '돈' 때문에 죽겠다고 합니다. 맞는 말입니다. 틀린 말 없이 정확한 말입니다. 저도 한때는 돈 때문에 죽고 싶었고, 너무나 힘든 결혼생활로 인해 싸움도 많이 했으며, 직장 그만두겠다는 말을 하루에도 열두 번은 더 했으니까요.

결혼 후 줄곧 반지하방에서 살았습니다. 영화 '기생충'을 보니 사실적으로 표현을 잘했더군요. 지하 특유의 냄새와 올려봐야 보이는 바깥세상, 그리고 함께 사는 곱등이와 바퀴벌레. 하지만 대화가 있고 가끔 술도 마실 수 있는, 사람 사는 반지하는 평지이면서 지하이기도 한 그런 곳입니다. 저는 지금 반지하를 벗어나 아파트에서 살고 있습니다. 희망이 없다고, 또 무언가를 할 의욕조차 없다고 핑계를 대며 지금까지 살아왔다면 반지하방은커녕 빛도 들어오지 않는 지하로 내려갔을 겁니다.

직장 다니면서 만족하는 사람이 얼마나 있을까요? 중소기업에 근무해도 만족 못하고, 남들 다 좋다고 하는 공무원이 되거나 대기업에 다녀도 100% 만족하는 사람은 없습니다. 직장에서 만족 못하는 삶이지만, 퇴근 후에 본인의 인생 2막을 위한 준비를 한다면 삶의 활력도 생기는 동시에 미래를 위한 삶도 됩니다. 저는 직장에서 직업을 구하기 위해 다이어트를 했고, 글쓰기를 했습니다. 블로그를 하면서 세상 체험도 많이 했으며 심리 공부와 스피치연습도 꾸준히 합니다. 그리고 이 삶을 바탕으로 인생 2막에 앞서 음식점을 차릴 계획에 있습니다.

세상에는 그 수를 헤아릴 수 없을 만큼 다양한 취미가 있습니다. TV 드라마를 보면서 나와 주인공을 비교하고 자신을 초라하게 만든 적은 없었는지요? 그럴 시간에 나의 가치를 올리고, 나 자신을 알리기 위한 시간을 꾸준히 만들어 간다면 좋아하는 취미가 직업이 될 수 있습니다. 그런 세상인 만큼 합리적인 활동을 하는 게 이득입니다.

누구나 인생에 세 번은 크게 힘들다고 합니다. 젊었을 때 힘듦은 얼마든지 이겨낼 수 있습니다. 그러나 TV 뉴스에서 나오는 노인 문제의 주인공이 나 자신이 된다면, 이겨낼 수 없습니다.
고통의 시간 속에는 성장과 성공의 씨앗이 들어 있다고 합니다. 여행을 가도 힘들고, 나 자신을 위한 다이어트도 힘든 건 마찬가지입니다. 직장에서 직업을 구하려는 어떤 사람은 힘들어도 그 씨앗을 분명히 찾아 냅니다. 그리고 견딥니다. 지금의 시련을 바탕으로 어떤 삶을 살아야 할 지 고민하고, 연구하며, 미래와 희망을 보면서 지금에 충실하며 성장합 니다.

반면 어떤 사람은 그 씨앗을 전혀 찾지 못합니다. 당장 눈앞의 현실에 무너지고 맙니다. 힘들다, 고통스럽다, 미치겠다, 죽고 싶다…. 이런 말을 입에 달고 살아갑니다. 얼마나 멋진 미래가 기다리고 있는지 전혀 보지 못하는 겁니다. 이 책을 읽는 분들은 직장에서 직업을 구하는 과정을 통해 성공이 아닌 성장의 씨앗을 볼 수 있는 눈을 가졌으면 합니다.

대충 살아도 힘든 인생인데, 이왕 사는 삶 직장에서 직업을 구하기 위해 이를 악물고 버텨야 합니다. 작은 씨앗이 탐스러운 열매가 되려면 비바람과 뜨거운 햇살과 눈보라를 견뎌내야 하듯이, 당신의 씨앗이 싹을 틔우고 거대한 나무가 되어 달콤하고 우아한 열매 맺기를 진심으로 바랍니다. 그리고 이 책을 읽고 삶의 고통 속에서 벗어나 행복해지는 사람을 단 한 명이라도 만드는 것이 내 소명입니다. 그리고 그 단 한 명이 당신이었으면 좋겠습니다.

이호재

들어가는 글 … 5

제1장   내가 나를 사랑해 … 11

제2장   다이어트와 인생이야기 … 55

제3장   없다는 건, 많은 걸 가질 수 있다는 것 … 99

제4장   보이는 만큼 보인다 … 143

제5장   내가 나라서 행복합니다 … 189

마치는 글 … 233

제1장

내가 나를 사랑해

100년을 산다고 한다.

긴 시간이라고 말하는 사람도 있을 테고,

짧은 시간이라고 말하는 사람도 있다.

사는 게 행복하다고 말하는 사람 입장에서는 살기 좋고,

하고 싶은 것도 또 해야 할 일도 많기 때문에

당연히 짧다고 말하겠지만,

현실적으로 생각해보면 60세에 은퇴한다고 쳐도

40년은 무얼 하면서 먹고 살아야 할지 막막한 사람들에게는

사는 게 고통일 수 있다.

세상도 내가 있기 때문에 있다고 생각한다.

내가 없는 세상이 무슨 필요가 있겠는가.

내가 만든 나만의 인생을 통해 세상을 더욱 빛나게 하자.

1.

'있어와 함께'

'있어와 함께'는 블로그 제목이다. 닉네임은 '있어'다. 뭐가 있냐고 묻는
다면, "그런 게 있다."라고 대답하고 싶다. 물론 농담이다. 하지만『직장에
서 직업을 구하라』를 읽게 된다면 닉네임 '있어'가 아니라 이호재라는 사
람의 인생을 통째로 알 수 있다. 이 책은 세 번째 출간하는 책이다. 나
같은 사람이 글을 쓴다는 것은 생각도 못했고, 책을 집필한다는 것은 상
상도 하지 못했다.

우선 간단한 내 소개를 하면 고등학교도 간신히 졸업했고, 특별한 기
술도 없으며, 아주 작은 회사에 다니고 있다. 물론 과거나 지금이나 여전
히 가난하다.

직장과 직업의 차이가 무엇인지 알고 있겠지만 혹시나 모르시는 분을
위해 설명하자면, 직장은 남이 만들어 놓은 일터에서 일하는 것이고, 직
업은 평생 업으로 삼고자 하는 행위를 말한다. 100년을 산다고 한다. 지
금은 먹고살기 위해 남이 만들어놓은 일터에서 일하지만, 40대 중반에
서 있는 내가 과연 이곳에서 얼마나 더 일할 수 있을지는 알 수 없다. 여
전히 가난한데, 지금 다니고 있는 회사를 그만두게 되면 무얼 하면서 먹
고 살지 막막하다.

직장인이라면 누구나 한번은 겪어야 할 일이다. 이왕 겪는 일이라면 직장을 그만두고 직업을 찾기보다, 직장을 다니면서 꾸준히 노력하고 경험하여 서서히 성장하는 것이 좋다. 회사에서 그만두라는 압박이 올 것을 알면서도 어쩔 수 없이 견뎌야 한다면? 상상만으로도 비참할 것 같다. 그러나 차근차근 준비를 마치고, 부수입이 지금의 수입보다 더 많다면 회사가 제발 있어 달라고 해도 그만두게 된다.

'있어와 함께' 블로그에는 다양한 콘텐츠가 있다. 일상 이야기를 비롯해 여행, 맛집, 요리, 골프, 그리고 작가답게 에세이도 있다. 여기까지는 일반 블로거들과 다르지 않다. 남들과 차별이 있는 콘텐츠는 30kg의 실전 다이어트이다. 누구나 30kg 감량은 할 수 있다. 그러나 3년간 요요가 오지 않은 사람은 드물고, 또 다이어트했다고 해서 돈을 받고 다이어트 경험을 이야기하는 사람도 거의 없다.

경험을 했으면 알려야 하고, 알려줬으면 비용을 받아야 한다. 책 쓰기도 마찬가지다. 다이어트를 했고, 그 경험을 알리기 위해 책을 쓰고 싶었다. 나 같은 경우에는 책이 어떤 과정으로 어떻게 유통되는지 안다. 그러나 대부분의 독자들은 책은 마치 대단한 사람이 쓰는 것이라 여기고 본인의 인생은 책을 쓸 만한 가치가 없다고 스스로를 평가절하해버린다. 그런 사람들이 삶의 이야기를 책으로 담고 싶어 한다면, 적정선의 비용을 받고 도와주면 그 또한 수입이 된다.

세상에 나쁜 경험은 없다고 생각한다. 블로그 또한 무수히 많은 장점이 있다. 그중 첫 번째는 일기를 쓰게 되니 기록으로 남고, 필요할 때 찾아볼 수 있다. 심지어 방송국에서도 나의 블로그를 보고 여러 차례 섭외를 하곤 했다. 내가 나를 알리지 않으면, 내가 누구인지 알 방법이 없다. '호랑이는 죽어서 가죽을 남기고 사람은 이름을 남긴다.'는 속담이 있듯이, 나의 삶 자체를 기록하는 데 의미가 있다. 또 방송 출연이란 경험을 하면서 즐거웠고, 소중한 추억도 만들었다.

세상은 흘러가는 대로 살아도 좋겠지만, 그건 안정적인 사람들이나 하는 것이다. 배우지 못하고 많은 걸 갖지 못한 사람은 내가 세상을 만들어가야 한다고 생각하고, 또 그렇게 행동해야 한다. 블로그란 것이 별거 아닌 것 같아도, 대한민국 국민 대다수는 맛집이나 여행 정보를 블로그를 통해 검색한다. 블로그를 꾸준히 한 지는 4년 정도 되었다. 이제 웬만한 포스팅은 상위 자리에까지 노출된다.

블로그는 또 다른 나다. 그래서 공짜로 물건이나 음식을 주는 포스팅은 하지 않는다. 블로그를 올리는 동시에, 나 또한 블로그를 통해 많은 정보를 얻는다. 바닷가 근처 맛집을 검색하면 횟집이 즐비하게 나온다. 그중 대다수가 사진과 글을 받고 쓴 가짜 포스팅이다. 이런 걸 잘 알기에 나는 블로거지가 되고 싶지 않았다. 세상 사람은 다 속일 수 있어도 나 자신은 절대 속일 수 없다. 불과 몇 해 전만 해도 내가 나를 속였기 때문에 아프고 힘들었다는 것을 잘 알고 있고, 다시는 그리 살지 않겠노라한 다짐도 아직 선명하게 남아 있다.

성공하고 싶었다.

이제 이런 허황된 꿈도 꾸지 않는다. 단지 오늘의 삶이 아주 조금씩 남아 성장했다고 믿는다. 오늘을 잘 살아야 내일 블로그에 잘 살았다는 내용의 포스팅을 쓸 수 있다. 오늘을 우울하게 보내고 내일은 거짓이란 화장을 덧대 살아간다면, 몇 해 전 악몽이 되살아나고 말 것이다. 처음 블로그를 시작한 이유는 아내와 함께한 흔적을 남기기 위함이었다. 맛있는 음식을 먹거나 가까운 곳에 바람 쐬러 갔을 때의 흔적도 남기고, 비록 얼굴은 알지 못하지만 댓글로 소통하면서 정보도 주고받을 수 있는 장점이 있다는 것을 알았다.

어쩌다 시작한 블로그가 다이어트를 하면서 다이어트 블로그가 되었다. 105kg 체중으로 인해 행동이 불편하고 몸 건강도 해치고 있어, 다이어트가 시급하다는 판단이 들었다. 그때 나 스스로를 다잡기 위한 방편으로 블로그를 이용했다. 공개적으로 다이어트를 시작한다면 체중감량에 성공할 수 있다는 판단이 들었다.

어제 체중을 기록하고, 오늘 체중을 기록했다. 감량은 얼마를 했고, 총 감량은 얼마며, 오늘이 며칠째인지를 하나하나 다 기록했다. 아침으로 무얼 먹고, 점심과 저녁은 어떤 것을 먹었으며, 간식으로 이런 걸 먹었다고 전부를 기록했다. 그렇게 243일간의 기록이 쌓였다. 처음 체중과 비교했을 때 30kg을 감량했고, 블로그를 통해 수많은 관심도 받았으며, 직간접적으로 도움도 주었다. 사실 다이어트라는 것은 비법이라고 말할 수 있는 게 없다. 내 몸이 쓰는 것보다 적게 먹으면 빠지는 것이고, 많이 먹으면 찌는 아주 단순한 것이다.

다이어트를 경험했고 30kg 감량이란 수확이 있었다. 알리고 싶었고 돈도 벌고 싶었다. 나란 사람도 다이어트에 성공했다면, 누구나 다이어트를 할 수 있을 거라 믿었다. 굳이 힘들게 운동할 필요도 없고, 따로 시간이나 돈을 들일 필요도 없는 다이어트를 못한다면 그것이 오히려 이상한 일이라 여겼다. 돈도 벌고 다이어트를 가르치는 경험도 하는 일석이조의 일이었기 때문에 망설일 필요도 없었다. 추석을 기점으로 지역 카페에 광고를 했다.

기간은 8주를 잡았고, 가격은 69만 원을 책정했다. 내가 제시한 음식을 먹고 인증샷을 보내면 된다. 물 마시고, 사과를 먹고, 양배추를 데쳐서 각종 야채와 된장을 끓인 강된장을 싸 먹고, 저녁으로는 특이하게 삼겹살을 먹으라고 했다. 나의 경험을 바탕으로 내가 제시한 것 이외의 다른 음식을 먹지 못하게 다잡아주는 역할을 했을 뿐, 다른 비법 따위는 없었다. 투자비용도 들지 않았고, 재료값도 들지 않았다. 오직 나의 경험만을 이용해 돈을 벌었다.

나도 직장에 다니면서 투잡을 생각하지 않은 건 아니었다. 아이를 세 명이나 키우다 보니 생활비는 항상 부족했다. 내가 생각한 투잡은 내 몸을 혹사시키는 것뿐이었다. 이를테면 퇴근 후 음식 배달을 하거나 대리운전 정도였다. 21세에 15세인 아내를 만나 23년 이상을 죽기 살기로 일해서 그런지 몸으로 때우는 것에 익숙하다고 생각했다.

그러나 지금은 생각이 완전히 바뀌었다. 직업을 폄하를 하고 싶진 않다. 편한 일이 있으면 힘든 일도 있다. 직업의 고귀함을 알지만, 어지간하면 힘든 건 남이 했으면 좋겠다. 나는 물론 아내가 힘들게 사는 건 싫고, 나의 아이들 모두 힘들게 살기를 바라지 않는다.

지금은 과거와 달리 좋은 세상임에 틀림없다. 짜장면 열 그릇만 먹을 수 있어도 유튜브를 통해 나를 알릴 수 있고, 웬만한 방송인보다 더 인기 있으며, 돈도 벌 수 있는 세상이다. 네이버 블로그를 하지만 나 또한 광고비를 받는다. 내가 좋아서 한 다이어트로 돈을 벌었고, 책을 써서 돈을 벌었다. 그리고 매일 글을 쓰는 작가의 삶을 살고 있다. 누군가가 나의 최종 목적이 무엇이냐 묻는다면, 한 치에 망설임 없이 이야기 할 수 있다.

"훗날 돈 걱정 없을 때 사랑하는 아내와 제주도 우도에 아담한 집을 짓고 평생을 글만 쓰고 살고 싶다."

작가도 사람이니 먹고 살아야 하는 문제를 해결하지 않는 한, 나의 직업인 작가를 영원히 할 수 없기 때문이다.

2.

은퇴와 백 세 인생

내 나이가 적지는 않지만, 그렇다고 많다고 생각하며 살고 있지는 않다. 하지만 가끔 "내가 나이가 많나?" 하고 생각할 때도 있다. 인스타그램, 페이스북, 카카오스토리, 트위터, 블로그 등 이야기가 나올 때면 적잖게 당황할 때가 있다. 분명 우리나라 말로 이야기하는데 알아듣지 못할 때가 많다. 그럴 때마다 '내가 나이가 많아서 시대를 못 따라가 가나?'라고 생각하곤 했다.

그러던 어느 날, '블로그나 해볼까?' 해서 네이버에 검색해 블로그 만드는 법을 배우고 블로그를 시작했다. 처음에는 아내와 데이트하면서 기록이나 남겨보자 하는 마음에 시작했다. 지금이야 남의 시선을 생각하고 살지 않기 때문에 매일 블로그에 기록하지만, 당시에는 블로그를 하면서 상처를 받았다. 그들이 내게 욕을 한 것도 아니고, 내게 어떠한 행동을 한 것도 아니다. 그들은 그들의 일상을 쓴 건데, 나 스스로 그들을 질투하고 시기했다. 좀 더 솔직하게 말하면, 그들로 인해 나 자신이 비참하다는 생각까지 했다.

인터넷에 보이는 남들의 일상은 참 행복해 보였다. 반면의 나 자신은 한없이 초라해 보였고, 그로 인해 점점 아프기 시작했다. 이웃 블로거들은 좋은 음식만 먹고, 예쁜 옷을 입고, 고급 화장품을 쓰며, 심지어 해외 여행도 밥 먹듯이 나가는 것으로 보였다. 반면에 우리 가족은 비싼 옷을 입을 수 없었으며, 반찬도 몇 가지 안 되는 식사를 하고, 비행기를 한 번도 타본 적 없는 우리 부부의 경우(2018년 7월 28일 처음 비행기를 타고 제주도에 갔음), 해외여행은 꿈도 못 꿨다. 국내 여행도 여러 번 생각하고 갔을 정도라 자꾸 그들과 비교하게 되었다.

어릴 때는, 나이를 먹으면 당연히 TV로 보던 사람들처럼 사는 줄 알았다. 고등학교를 졸업하면 아침은 간단히 사과 한 개를 입에 물고 고급세단을 운전하면서 출근하는 모습을 그렸고, 결혼하면 적어도 34평 아파트에 살면서 사랑과 정성으로 아이를 키우면 되는 줄 알았다. 그것이 내가 꿈꾸던 보통 일상이었다.

가끔 높은 곳에서 아파트가 무수히 서 있는 곳을 볼 때면, 저 많은 집 중 내 집만 없다는 현실에 서글퍼 한 적도 있다. 어릴 때 학교에서 배운 것은 분명, "세상은 공평하다."였다. 그런데 내가 체감한 현실은 절대 공평하지 않았다. 내가 선택한 결혼이지만, 23년 동안 결혼식을 올리지 못했다. 결혼하면 결혼식을 올리는 것이 당연하지만, 우리 부부는 시작부터 그 당연함을 느끼지 못했다. 그래서 더욱 세상은 공평하지 않다고 생각했을지도 모르겠다. 어릴 때는 모자란 사람들이나 평범하게 사는 줄 알았는데, 어른이 되어보니 평범하게 사는 것은 평생 이룰 수 없는 꿈이라는 생각을 하게 됐다.

7년 전인 2012년 9월, 지금 다니고 있는 회사에 입사했다. 그 해부터 다음 해까지 월급으로 210만 원을 받았다. 7년 전이면 아이들이 16세,

14세, 6세였다. 결혼 때부터 지금까지 외벌이로 살았다. 210만 원에서 세금을 제하면 180만 원 남짓 받았다. 그 돈으로 다섯 식구가 생활하는 건 불가능에 가까웠다. 보증금 500만 원에 월세 30만 원 하는 반지하방에서 다섯 식구가 제대로 먹지도, 입지도 못하고 살았으니 지옥이나 다름없었다.

한창 성장기 아이들이 그 흔한 치킨을 먹으려고 해도 최소한 세 마리는 있어야 온 식구가 만족스럽게 먹을 수 있었다. 하지만 치킨 한 마리값도 부담스러운데 어떻게 세 마리를 먹을 수 있을까? 그래서 크리스마스 같은 날이 싫었다. 다른 집 아이들은 치킨이며 피자며 돈 걱정 안 하고 마음껏 먹지만, 우리 집은 돈 계산부터 해야만 했다. 받은 월급으로 한 달을 넘기는 것도 어려우니 외식은 꿈도 꾸지 못했다.

그해 크리스마스였다. 우리 회사 사장님은 매해 크리스마스마다 케이크를 주신다. 내가 입사하고 단 한 번도 받지 못한 적이 없다. 돈이 없어서 치킨은 못 먹으니 케이크라도 먹어야겠다 싶었는데, 사장님이 집 앞이라고 전화를 했다. 밖으로 나가보니 아이들 치킨이나 사주라고 5만 원을 건네주셨다. 그 덕분에 그해 크리스마스, 아이들에게 치킨을 먹일 수 있었다. 내가 태어나서 먹어본 치킨 중 그때 먹은 치킨이 가장 맛있었던 것 같다.

이제는 의료시설이 좋아져 좋든 싫든 100년을 사는 세상이 되었다. 그 중심에 내가 있고, 나를 중심으로 세상이 돌아간다고 생각하면서 산 지는 얼마 되지 않았다.
부부는 살면서 돈 때문에 많이 싸운다고 한다. 물론 우리 부부도 돈 때문에 정말 많이 싸우고, 서로 상처 주면서 살았다. 지금도 여전히 가난하지만, 참 많이도 싸웠던 그때가 아주 후회스럽다. 가난한 것은 죄인 줄 알았다. 부자가 되고 싶어서 안간힘을 쓰며 살았다. 부자 아빠로 살고 싶었고, 부자 남편으로 살고 싶었다. 엄마에게는 부자 아들로 남고 싶었다. 그것이 잘사는 인생이고 성공한 인생이라는 착각을 해서, 그동안 그렇게 아파했다.

사람은 어떤 일을 하면 반드시 대가를 치른다. 좋은 일을 하면 좋은 대가를 치를 것이고, 나쁜 일을 하면 벌을 받는 것이 인지상정이다. 한때 부자가 되는 것이 성공인 줄 알았던 착각의 대가는 참으로 참담했다. 그래도 다행인 것은, 세상과 마주했다는 것이다. 만약 당시 세상을 마주하지 않고 등을 돌렸다면 지금의 나는 없었다.

지금은 언론이고 방송이고 '백세시대'란 말을 한다. 심지어 보험회사도 100세 인생을 인정하기 때문에 보장 기간을 100세로 한다.

지금부터 잠깐 슬픈 현실 이야기를 하겠다. 보통 사람을 기준으로 했을 때, 대학과 군대를 마치면 25세. 취직을 빨리하고 연애를 시작해서 결혼하는 시기는 보통 32세. 아이를 곧장 낳는다고 했을 때, 아이가 다 성장하지 못했음에도 은퇴를 해야 하는 시기가 온다.

은퇴 전에 최고로 높은 연봉을 받고, 은퇴 후에는 최저시급과 마주한다. 은퇴 전에도 저축을 하지 못하며 살았을 가정이 은퇴 후, 수백만 원을 아끼면서 살 수 있을까? 더 슬픈 건, 앞으로 50년을 더 살아야 한다는 것이다. 지금 말하고 있는 내용이 현실일까, 상상일까? 상상이었으면 좋겠지만, 냉혹한 현실이다. 하지만 대다수의 사람은 지독한 현실을 마주하기 싫어한다.

은퇴 후 편의점이나 치킨집을 하는 사람이 많다고 한다. 만약 현실을 마주한 사람이라면 미리미리 준비해서 치킨집을 운영할 것이고, 현실을 무시한 사람은 '할 일이 없으니 치킨집이라도 하자.' 하는 마음일 것이다.

당신의 나이가 지금 은퇴까지 10년이 남았다고 치면, 10년 동안 준비할 시간이 남아 있다. 어차피 할 치킨집이라면, 전국에 있는 치킨 맛을 보면서 연구하고 준비한다면 반드시 좋은 결과가 생길 것이다. 세상은 언제나 그 자리에 있다. 다만 현실을 인정하는 사람과 한때 나처럼 부정하는 사람만 있다. 인정하는 사람은 미래의 희망을 보면서 살아갈 것이고, 부정하는 사람은 세상을 부정하고 원망하면서 매일 술이나 먹고 울면서 산다.

그 누구도 나에게 아프라고 하지 않았고, 울라고 하지 않았으며, 심지어 죽으라고 하지도 않았다. 생각하는 것이 부정적이니 부정적인 말이 나오고, 부정적인 말이 나오니 부정적인 행동을 하며 살았다.

오직 나 자신이 스스로에게 했던 감정과 행동일 뿐이다.

100세를 사는 인생도 맞는 말이지만, 우리가 꼭 알아야 할 것도 있다. 오랜 기간 사는 인생이지만, 사람은 태어난 이상 꼭 반드시 죽는다는 것이다. 어차피 죽을 인생인데 무엇인들 못하겠는가? 그리고 자살을 생각하는 사람이 이 글을 본다면 해주고 싶은 말이 있다. 어차피 죽을 것, 미리 죽으려고 애쓰지 않았으면 한다. 태어나는 순간부터 이미 시한부 인생이다. 보통 일상, 평범한 일상이 꿈같은 남의 이야기라면, 그 일상을 나만의 일상으로 만들어 100세를 사는 건 어떠냐고 물어보고 싶다.

은퇴 시기는 점점 **빨라진다**. 아무것도 준비하지 않은 사람은 두렵다고 하겠지만, 미리 준비하며 연습하고 행동한 사람은 인생의 2막이 열리기 때문에 설렌다.

세상에 쓸데없는 경험은 없다. 경험을 통해 성공하지는 못한다 하더라도, 아주 조금이나마 성장할 수 있다고 믿는다. 무엇이든 좋다. 나처럼 블로그를 해도 좋고, 일기를 써도 좋다. 산책을 해도 좋고, 한 시간 일찍 일어나는 것을 꾸준히 해도 좋다. 왜냐하면 그런 경험이 직업을 갖게 되는 좋은 밑거름이 되어 당신의 100세 인생을 더욱 빛나게 해줄 테니까.

3.

있는 그대로의 나를 사랑해

불행의 기준은 누가 정한 것일까? 본인 스스로가 정한 것이다. 사람은 몸에 비해 입이 작다. 다른 동물을 보면 사람의 입이 얼마나 작은지 알 수 있다. 요즘은 애완견을 뛰어넘어 반려견이라고 한다. 가족처럼 함께 한다는 뜻이다. 우리 집에도 '코코'라는 이름을 가진 국민 강아지 말티즈 암컷 한 마리가 6년째 함께 하고 있다. 퇴근하고 돌아오면 세상 반갑게 맞이해준다. 내 아이 셋을 포함해 아내도 코코처럼 반갑게 맞이해준 기억이 없다. 하지만 우리 집 강아지 코코는 하루도 빠짐없이 매일 반갑게 맞이해주니 그저 고마울 따름이다.

동물도 기쁨, 슬픔, 아픔, 심지어 우울증까지 앓는다. 사람과 다르지 않은 감정을 느끼면서 살아간다.

하지만 동물에게는 없지만 사람만이 느끼는 감정이 있다. 그것은 바로 '수치심'이다. 집안에서 키우는 반려견이나 반려묘가 창피함을 느끼거나 그로 인해 상처를 받는 경험을 한 적이 있는가? 오직 사람만이 느끼는 쓸데없는 감정이다.

사람이 동물보다 입이 작은 이유가 있을 것이다. 입은 동물과 마찬가지로 음식을 먹고, 소리를 내는 구조를 하고 있다. 동물은 하지 않는 말을 통해 다른 사람에게 상처를 주지 말고 조심히 사용하라는 뜻에서 조물주가 입을 작게 만들지 않았을까 하고 생각해 본다.

내 주변에 사람이 10명이 있다고 치면, 3명이 나를 좋아하고 7명은 나를 싫어하거나 관심조차 없는 사람들이다. 우리는 나를 좋아해 주는 사람들로부터도 상처를 받지만, 대게는 나를 싫어하고 관심조차 주지 않는 사람들로 인해 상처를 받고, 나를 사랑해 주는 사람에게 상처를 주면서 살아간다. 나를 싫어하는 사람이라면 나 또한 그 사람들이 싫을 테니 무시하면 그만이다. 하지만 대다수의 사람들은 그들에게 내가 어떤 사람으로 비칠지 궁금해하고, 그들에게 인정받고 싶다는 마음에 애쓰면서 살아간다.

한때 많이 힘들고, 아프고, 세상을 부정하면서 매일 술을 퍼마시면서 울었던 것 역시 그런 이유에서다. 가난한 모습을 보여주고 싶지 않았고, 그래서 열심히 살았다. 하지만 내 삶이 윤택해지기는커녕 월세 반지하방이란 낭떠러지에서 헤어나오지 못해 답답했다. 출구만 보였다면 극단적인 선택을 하려는 시도조차 하지 않았을 것 같다. 만약 그랬다면 지금의 나처럼 행복하게 살고 있지는 않았을 것이다. 그래서 그 아픔이 내겐 고마움으로 남아 있다. 아프지 않았다면 적당히 살면서 남들 흉내나 내면서 거짓 인생을 살았을 것이고, 더 나이를 먹어 은퇴한 뒤에는 남은 삶을 매우 힘들게 살았을 것이 분명하다. 상상만으로도 끔찍한 일이 아닐 수 없다.

아픔으로 인해 세상과 마주했다. 부자도 아닌 가난한 내가 결혼한 지 20년이 넘도록 혼자 벌어서 다섯 식구를 먹여 살렸는데 부자가 되면 그게 이상한 거라고 생각을 바꾸었다. 비록 반지하방에서 다섯 식구가 살아가지만, 비바람을 막을 수 있다는 것에 감사했다. 그리고 아이들이 건강하게 자라준 것이 얼마나 큰 기쁨인지 알았다. 병원에 한번 가보라. 세상 아픈 아이들이 전부 온 것 같다. 집안 식구 중 아픈 사람이 한 사람이라도 있으면 그 집에는 웃음소리가 나지 않는다. 아이가 아프면 가족이 행복할 수 없다.

항상 난 스스로를 괴롭히면서 살았다. 내 집이 없음을 아파했다. 내 차가 없음을 아파했다. 내 통장 잔고가 비어 있는 것을 보며 아파했다. 내 눈에 다른 모든 이는 행복해 보였고, 오직 나만이 불쌍해 보였다. 다른 집 자식은 올바르게 성장하는 것 같았고, 오직 나의 자식만이 뒤떨어진다 생각했다. 다른 집 아내는 맞벌이에, 집안일에, 육아까지 완벽한 반면 내 아내는 내 등골 빼먹는 여자라 생각했다. 행동을 아프게 한 후 불행이 찾아왔고, 불행하다고 외쳤다. 아무리 불행하다고 외쳐도 달라지는 건 아무것도 없었다. 그래서 말한다. "걱정을 해서 걱정이 없다면 걱정을 하라."라고 말이다. 내가 직접 경험해 봐서 안다. 행동을 고치지 않으면 더 큰 아픔이 되어 돌아온다는 사실을.

내가 나를 불행한 사람으로 만들어 놓았고, 난 그 대가를 치른 것이다. 내가 나를 사랑하지 않고 나를 불신하며 살아가는데, 어느 누가 나를 사랑해주고 믿어줄까? 내가 나를 있는 그대로 인정하니, 생각했던 것보다 더 가진 것이 없었기에 너무나 감사했다. 우리 부부는 해외여행은 커녕 국내 여행조차 가지 못하면서 살았다. 그 말은 아직 대한민국 방방곡곡이 처음 가보는 곳이란 이야기다. 요즘은 여행을 하면 여행 지도에 여행한 곳을 색칠하고 있다. 점점 그 색이 짙어지는 것을 볼 때면 뿌듯한 마음이 든다. 여행은 돈 많고 시간 많은 사람이나 하는 줄 알았다.

회사 트럭을 빌리고 집안에서 반찬 몇 가지 싸서 가까운 서해로 여행을 간 적도 있고, 버스를 타고 과천에 있는 렛츠런파크라는 경마공원에 간 적도 있다. 우리 부부가 먹은 것은 집에서 싸간 반찬과 편의점에서 구입한 컵라면이지만, 아내와 함께한다는 사실만으로도 행복을 느낄 수 있다는 것을 알았다. 과거처럼 남의 눈을 의식했다면 김밥이라도 싸거나 했을 것이다. 비록 밥통에서 퍼 담은 밥과 늘 먹는 반찬이지만, 남의 눈을 의식하지 않고 우리가 가진 것을 있는 그대로를 인정하니 마음이 안정되었다.

내가 부자인 사람을 부러워한다고 해서 그들이 우리 부부를 위해 돈을 주거나 하는 일은 없다. 잘 알지도 못하는 그들을 부러워할 시간에 우리 부부가 어떤 것을 하면 행복할지 생각하는 것만큼 가치 있는 일도 없다.

난 나 자신이 머리가 엄청 나쁜 사람이라 생각했다. 하지만 난 돌머리가 아닌 것 같다. 처음 아내와 5만 원을 들고 경마장에 간 기억이 난다. 연인이 하루 종일 데이트를 하는데 얼마의 비용이 들까? 여행지마다 다르고, 또 어떤 것을 먹고 어디서 자느냐에 따라 데이트 비용은 천차만별이다. 남들은 어디를 가고 어디서 무엇을 먹을까? 우리 부부는 그런 것에 관심이 없었다.

5만 원으로 하루 데이트하기에는 경마장만 한 곳이 없다고 생각했다. 일천 원짜리 책을 사고, 일천 원짜리 입장료를 끊고, 한 게임에 일천 원씩 건다. 우리 부부가 걸었던 경주마를 향해 힘찬 응원을 하면 시간이 어떻게 가는 줄도 몰랐다. 마치 경마장이 우리 부부를 위한 놀이터 같았다. 하루 종일 데이트하면서 쓴 돈이 5만 원에 불과하다. 혹 배팅이 맞기라도 하면 오히려 돈을 벌고 돌아왔다. 실제로 처음 아내와 함께한 날에는 5만 원이 18만 원이 되어 그 돈을 들고 집에 온 적도 있다.

요즘 물가를 감안하면 5만 원이란 돈은 영화 한 편 보고, 팝콘 사 먹고, 점심 한 끼 먹기에도 부족한 돈이다. 아이들이 성장하고 그동안에 월급도 많이 올라서 지금은 당시보다 상황이 좋다. 하지만 아직도 비싸지 않은 외식을 하고 있고, 옷도 자주 사는 형편은 아니다. 필요하면 인터넷에서 저렴한 걸 산다.

작년 초가을 막둥이를 데리고 강원도 고성으로 1박 2일 캠핑을 다녀온 적이 있다. 캠핑장에 가서 다른 집 텐트를 보면 캠핑 장비가 참 많다는 걸 알 수 있다. 남이 봤을 때 우리 가족의 장비가 허접해 보일 수 있다. 하지만 우리 가족은 어떤 가족보다 더 신나고 재미지게 다녀왔다.

불행과 아픔을 스스로 주었다면, 행복 또한 내가 주면 된다.

남들을 의식했을 때는 아팠다. 나를 있는 그대로 사랑했더니 행복이 찾아왔다. 라면을 먹더라도 행복하게 먹는 것이 소화도 잘 된다. 돈이 없어서 소갈비를 먹지 못하지만 속상하지 않다. 돼지갈비라도 먹는 것에 감사하고, 먹는 그 순간 함께하는 이와 웃고 있다면 그것이 행복이다.

대한민국에서는 하루 40여 명이 자살로 생을 마감한다고 한다. 사는 것이 죽는 것보다 힘드니 그런 선택을 했을 것이다. 한때 내가 선택한 행동이 성공으로 이어졌다면 지금 이렇게 웃으면서 과거를 회상하며 글을 쓸 수 없었다.

아직 인생의 절반도 채 살지 않았다고 생각한다. 하지만 죽는 것보다는 어떻게든 살아가는 것이 낫다고 믿는다.

자살에 성공하면 남은 가족을 힘들게 하지 않지만, 만약 실패한다면 상상만으로도 끔찍한 일이 벌어진다. 그렇게 되면, 죽지 못해 살아야 하는 고통이 기다리고 있으니 자살은 결코 추천하지 않는다.

나도 처음부터 뚱뚱했던 건 아니다, 서서히 살이 찌면서 20년이 지나 100kg을 돌파하게 된 것이다. 다이어트를 하기 전에 '다이어트를 하지 않았을 때, 10년 후 나의 체중은 얼마나 될까?'라는 생각을 했다. 더 쪘으면 쪘지, 빠지진 않을 것 같았다. 지금도 먹고살기 힘들어 아등바등 거린다면 한번은 신중하게 생각해봐야 한다.

시간이 흘러 은퇴 후 당신의 삶은 어떻게 될까?

나는 내 삶이 비참할 것이라고 판단했다. 40년 넘도록 가난하게 살았기 때문에 부자는 아니더라도 더 이상 가난하게 살고 싶지 않다는 생각을 했고, 나부터 잘사는 삶을 살아간다면 나의 가족도 뒤를 따라 걸을 것이라 판단했다.

과거에 어떻게 살았던 간에 그 삶도 소중하고 귀한 나의 삶이다. 그래서 부끄럽다 여기지는 않았지만, 용기가 없어 오늘을 살아가지 않는다면 미래의 내 모습은 부끄러울 것이라는 생각이 들었다. 먼저 자신을 사랑해주고 후회가 남지 않도록 눈을 뜨면, 할 수 있는 것에 최선을 다하고 할 수 없는 것에 미련 두지 않게 된다. 난 그렇게 하나둘 이루어가는 중이다.

4.

과거는 추억이고 미래는 내가 만든다

세상을 살면서 돈 이야기를 안 할 수가 없다. 돈은 많으면 많을수록 좋다. 돈이 있으면 아무래도 세상 살기가 편하다. 웬만하면 돈으로 못 하는 것이 없는 세상이다.

하지만 반드시 부자로 살아야 하는 건 아니다. 부자는 돈이 많은 사람을 우리는 부자라 한다. 그런데도 많은 사람이 착각을 하는 부분도 있다. 잘 사는 사람과 부자를 혼동한다. 잘 사는 사람이 부자라 생각하는 사람들이 많다는 이야기다. 부자가 되고 싶었지만, 안 될 것 같아서 포기했다. 대신 잘 사는 사람이 되려고 한다. 잘 사는 사람의 정의 또한 사람마다 다르겠지만, 내가 생각하는 나의 잘 사는 모습은 꿈을 이루어가는 모습이라 생각한다. '꿈이 있다'는 이야기는 '하고 싶다'는 말이고, '하고 싶다'는 말은 '설렌다'는 말과 같다.

2016년 10월 9일.

다이어트를 시작한 날이다. 벌써 3년이 넘었다. 처음 다이어트 기간은 일 년을 잡았다. 105kg의 거구이고, 목표 체중 또한 79.9kg이니 갈 길이 멀었던 것이다. 그래서 조급해하지 않았다. 다이어트를 결심하자 매일, 매 순간이 상상만으로도 행복했다. 79.9kg을 목표로 잡은 이유는 앞자리가 7 정도는 되어야 좋을 것 같았기 때문이다. 그리고 10kg을 뺀다고 한들 어차피 뚱뚱한 몸이니 목표를 정상 체중으로 잡은 것이다. 만약 내가 목표 체중을 달성하게 되면 "뚱뚱한 것도 추억이다."라는 생각을 할 것이라 했다. 지금은 뚱뚱하지만 정상 체중이 되면 누가 나한테 뚱뚱하다고 말 안 할 테고, 그때부터는 이미 지난 과거이니 추억이 되는 게 맞다고 생각했다.

사람들은 흔히 비만을 불치병인 양 생각한다. 평생 해야만 하는 다이어트로 알고 있고, 다이어트 과정 역시 무슨 엄청난 일을 하는 것처럼 행동한다. 몸이 뚱뚱한 사람은 정상 체중인 사람에 비해 자존감이 낮다. 자존감이 낮기 때문에 상처 또한 쉽게 받는다. 뚱뚱한 사람을 뚱뚱하다고 하면 기분 나빠한다. 특히 여자일수록 더 기분 나빠한다.

비만은 질병이라고 한다. 그리고 치료는 다이어트라고 한다. 이건 내가 한 말이 아니고 방송이나 병원에서 항상 하는 맞는 말이다. 감기에 걸렸을 때 친구가 "기침이 심하네. 병원 가 봐."라고 말을 해주면 기분 나빠할 사람은 없지만 뚱뚱한 사람한테 "많이 뚱뚱하네. 다이어트해 봐."라고 말하면 수치심을 느낀다. 엄밀히 따지면 감기보다 비만이 훨씬 더 위험한 병인데도 사람들은 기분이 나빠한다.

다이어트 또한 내가 경험해 봤다. 105kg의 삶보다는 75kg의 삶이 이루 말할 수 없을 만큼 건강하고 행복하다. 약간 비만인 사람은 다이어트를 했다고 해서 일상이 달라질 정도의 행복을 느끼지 못하겠지만, 비만이 심하면 심할수록 행복도 비례한다. 100kg의 여자가 어느 날 다이어트를 해서 58kg가 되어 산다면 어떤 삶을 살까? 평생 느껴보지 못한 행복이란 행복은 다 느끼면서 살아갈 것이다. 그걸 돈으로 환산하면 1억일까? 최소 10억 원은 될 듯하다.

다이어트를 하면 되는데 왜 다이어트를 하지 않는 걸까? 그것이 안타까워 첫 저서로 『다이어트, 상식을 깨다』를 발간했다. 그렇게 난 다이어트를 하고 작가도 되었다.

다이어트를 하는 243일 동안 너무나 많은 행복과 관심을 받으며 살았다. 내가 아는 모든 이가 나에게 다이어트 어떻게 했냐고 관심을 주었고, 나의 행복해하는 모습을 보면서 축하도 해주었다.

그렇게 난 뚱뚱한 것도 추억으로 만들어 버린 셈이다. 결혼생활 24년 차인 지금도 다른 이와 어깨를 나란히 할 만큼 돈이 있는 건 아니지만, 좀 더 시간이 지나면 같은 결승점에 들어갈 것이라 본다. 그들은 나보다 더 많은 시간을 투자해 어느 정도 앞선 상태에서 결혼을 했고, 난 아무 것도 없는 상태에서 결혼생활을 시작했으니 억울할 것도 없다. 다른 24년 차 부부의 경우 우리보다 돈이 많고, 동시에 나이도 많다. 출발선이 조금 다르다고 해서 결승선까지 다르다고 생각하지 않는 이유다. 돈이 많으면 편하게 살아가는 것이고, 돈이 조금 부족하면 조금 불편하게 살면 그만이다. 하고 싶은 것을 하면서 살다 보면 언젠간 가난한 것도 추억으로 만들 수 있다고 본다. 돈 없다고 돈, 돈, 돈 노래를 부르면서 살아봤는데, 없던 돈이 생겨나지 않았다. 돈 대신 아픔만 생겼을 뿐이다.

2018년 한 해 가장 많이 들었던 말이 "대단해."였다. 난 대단한 사람이 결코 아니다. 오히려 모자라고 의지가 약한 알코올 중독자이자 담배 중독자다. 2017년 처음 글쓰기를 시작하고 2018년에 작가라는 꿈을 가졌다. 그리고 2018년 3월에 내 첫 저서가 탄생하면서 꿈을 이뤘다. 다이어트한다더니 30kg이나 감량하고, 글을 쓴다더니 책까지 내니 사람들 눈에는 내가 대단해 보였던 것 같다. 내겐 그저 하고 싶었던 일이었을 뿐이다. 그리고 다이어트는 건강 때문이라도 꼭 해야만 했다. 하고 싶었던 걸 했을 뿐이고, 해야만 했던 것을 했을 뿐이다. 다이어트를 한다고 해서, 또 책을 낸다고 해서 지금 당장 금전적인 수입이 생기거나 부자가 되지는 않는다. 그렇지만 꼭 돈이 안 생긴다고 해서 무의미한 일일까?

어렵지 않게 다이어트를 했기 때문에 이제 평생 비만으로 고통받고 살지는 않을 것 같다. 또 돈 되는 직업은 아니지만 작가라는 호칭도 받았다.

"호랑이는 죽어서 가죽을 남기고 사람은 죽어서 이름을 남긴다."

사람은 무의식적으로 본인의 흔적을 남기려 한다. 지금은 출산율이 대한민국의 시급한 과제지만, 얼마 전까지만 해도 우리나라는 아이를 많이 낳는 편에 속했다. 사람이면 결혼을 해야 한다고 했던 시절. 그 시절에는 결혼하면 대여섯은 기본으로 낳았던 것 같다. 자식과 이름을 남기는 것은 사람의 본능이라 생각한다. 책 쓰기는 자식을 낳는 것보다 훨씬 쉽기 때문에, 이름을 남기고 싶다면 책을 한 권만이라도 썼으면 좋겠다.

돈이 많은 부자가 진심으로 되고 싶었다. 그래서 고통스러워도 참았고, 몸이 아픈 날에도 어김없이 일했다. 하지만 부자는커녕 반지하방을 벗어나지 못했다. 돈이라는 것은 내가 가지고 싶다고 가질 수 있는 것이 아니었다. 가질 수 없는 걸 가지고 싶어 하는 건 시장에서 아이가 엄마에게 떼를 쓰듯 소리 지르고 발을 동동거리는 것과 다르지 않았다. 포기란 단어를 쓰면 안 되는 줄 알았다. 어릴 때부터 그런 교육을 받았다. 영화나 TV에서도 포기하는 사람은 패배자처럼 그려졌기 때문에 안 되는 줄 알았다. 나이를 한 살, 한 살 먹어가면서 느끼는 것이 있다. 힘들게 살지 말고 어느 정도는 타협이란 것을 하자는 것이다. 어린 친구들과도 타협을 하고, 주위 사람들하고 타협하면서 살아가면 좋다. 내가 손해를 보더라도 말이다.

노력을 안 했으면 모를까, 결혼하고 20년 동안 최선을 다했음에도 부자가 되지 못했다면 남은 기간 동안 노력해도 안 되는 것이 맞다. 인정하고 싶지 않지만, 그게 맞다.

부자가 되는 건 무리라고 생각했다. 그랬더니 마음 한구석이 편안해졌다. 포기란 것이 꼭 나쁜 것만은 아니라는 것을 알았다. 그날 이후 부자를 포기하고 제일 먼저 한 일이 "있는 대로 쓰자."였다. 정말 열심히 살았지만, 저금도 못했다. 어차피 못한 저금, 먹고 싶은 거나 먹고, 여행도 좀 하고 살면 좋겠다 싶었다. 부자를 포기한 건 맞지만 가난을 선택한 건 아니다. 잠시 돈을 잊고 나를 찾아서 살고 싶었다. 치킨 한 마리 먹고 안 먹고가 중요한 게 아니다. 갑자기 치킨을 먹고 싶은데 굳이 돈 때문에 먹지 말아야 한다고 생각하는 나 자신. 그렇게 나 자신을 한없이 초라하게 만들어갈 필요가 없다고 생각했다. 대신 가치 있는 것에 투자해야겠다고 마음먹었다.

그 후 선한 마음을 담아 돈이 없어도 다이어트할 수 있다는 것을 알리고, 배우지 못했어도 잘 사는 사람이 있다는 것도 알리고, 맞춤법 몰라도 책 한 권 정도는 얼마든지 낼 수 있다는 것을 알렸다. 그렇게 지금 뭐라도 하지 않으면 당신의 미래는 우울할 수 있다는 것을 알리는 것이 나의 가치를 나누는 것이라 생각해 행동했다. 돈은 없어서는 안 되지만, 그렇다고 돈이 가장 중요한 목적이 되어서도 안 된다. 왜냐하면 돈에 대한 욕심은 죽을 때까지 끝나지 않으니까.

선한 마음을 품으면 무엇을 하든 평생을 할 수 있다고 믿지만, 돈 욕심이 앞서 사람을 사람으로 보지 않고 돈으로만 본다면 무엇을 하든 얼마 가지 못해 불행의 나락으로 빠진다고 확신한다. 성공을 했느냐만 볼 경우 성공하지 못하면 불행하다고 여기겠지만, 성장하는 나 자신을 본다면 성장했기 때문에 더 성장하려고 노력하는 걸 게을리하지 않을 것이라 생각한다.

다이어트를 가르치면서 타이르기도 하고 때론 협박도 했다. 비만으로 살면 비극으로 치달을 것이 분명했고, 지금 약간 힘든 것 때문에 포기한다면 미래는 더 힘들어질 것이 보였기 때문이다. 토닥인 것도 진심이었고, 협박도 진심이었다. 습관이란 것이 하루아침에 고쳐질 리 없다. 너무나도 잘 아는 나지만, 어려운 습관이라 할지라도 삶에 변화를 주고 싶다면 이 또한 이겨내야 할 부분이다.

아이가 태어나면 부모는 항상 아이 걱정이다. 말이 느리고 걷는 게 더디면 또래 아이들과 비교하여 걱정에 걱정을 더한다. 이성적으로 생각해 보면 아무리 걱정한다고 해도 달라질 것이 없는데 말이다. 걱정도 미래고, 불안함도 미래다. 혹시나 하는 마음에 걱정을 미리 사서 하는 것과 다르지 않다. 걱정할 시간이 있다면 지금 당장 어떤 것을 할 수 있을지 생각하고 행동하는 것이 남는 장사가 아닐까 묻고 싶다. 부끄러운 것이 있으면 추억으로 만들고, 하고 싶은 것이 있다면 인생을 마음대로 만들어 보자.

5.
쓸모없는 취미는 없다

가진 것이 없으니 잃을 것도 없어 행복하다. 그러나 한때 가진 것이 없다고 세상을 원망하고 현실을 부정했다. 그리고 알게 된 사실이 있다. 내가 아무리 술 퍼마시고 울면서 세상을 원망하고 부정한다고 해도 삶은 변하지 않는다는 것이다. 세상은 참으로 무섭고 냉정하며 동정 같은 것으로는 눈 하나 깜빡하지 않았다. 2014년, 그러니까 지금으로부터 대략 5년 전부터 가진 것이 없다는 게 불행이 아니라, 가지려고 하지 않는 내 마음이 불행이라는 것을 서서히 알게 되었다. 가만히 생각해 보면 불행은 불만으로부터 나오기 때문에, 있는 그대로에 만족하면 불행이란 녀석은 애당초 존재하지 않게 된다.

어느 날, 우연치 않게 경마장을 갔다. 전혀 모르는 곳, 태어나서 처음 가본 경마장은 정신이 하나도 없었다. 천 원짜리 책에 글자와 숫자가 적혀 있었지만 도통 무언지 알 수가 없었고, 30분 간격으로 대다수의 사람들이 말을 보면서 미친 듯이 소리를 지르고 입으로 욕을 하고 있었다. 같이 간 직장동료들 또한 매한가지였다. 한 경주가 끝나면 책을 본 후 상의를 했다. 모르는 사람이 보면 중차대한 회의를 하는 듯 보였다. 밥 먹을 시간도 아까웠는지, 밥이 입으로 들어가는지 코로 들어가는지 모를 만큼 재빨리 먹어 치웠다. 그리고는 또다시 경마에 열중하는 모습을 봤다. 정신없는 경마장을 빠져나와 술 한잔하면서도 시종일관 경마 이야기 뿐이었다.

경마에 대해 전혀 몰랐고, 대화에 참여할 수도 없었다. 그렇기 때문에 좀 더 알고 싶었고, 얼마 지나지 않아 아내와 단둘이서 경마장을 다녀왔다. 처음 얼마간은 경마에 대해 몰랐지만 상관없었다. 어차피 경마장을 안 가도, 반지하방 이불에서 나오지 않고 있었을 것이기 때문에 바람이라도 쐬는 것이 정신건강에 좋다고 여겼다. 집에서 먹던 밥과 밑반찬이 있으면 싸고, 없으면 그냥 돗자리만 하나 들고 나왔다. 그렇게 우리 부부는 경마장 데이트를 하면서 경마장 곳곳 전부를 둘러보았고, 경마에 대해서도 차츰 알게 되었다. 경마장에도 편의점이 곳곳마다 있고, 그곳에서 비록 컵라면에 찬밥을 말아먹을지라도 반지하방 구석에서 종일 있는 것보다는 좋다고 느꼈다. 우리 부부 둘이서 외식 한 끼 해도 돈 5만 원이 넘을 때가 있지만, 경마장에서는 종일 먹고 게임을 해도 5만 원이면 충분했다.

경마를 하면서 삶의 불만이 없어졌다. 그도 그럴 것이, 불만을 가지려 해도 시간이 있어야 불만을 생각하고 토해낼 수 있으니까. 나에게는 그럴만한 시간이 없었다. 목요일, 출마표가 뜨면 경마가 시작된다. 이번 주 토요일, 일요일 출전할 마필이 대략 300 마필이라면, 전 마필을 체크해야 한다. 직전 경주 동영상과 새벽 훈련, 병원 기록을 살피고 이번 주에 비가 오는지, 아니면 건조한지를 체크하여 주로(走路) 상태를 고려해야 하니 시간이 부족해도 터무니없이 부족했다.

일요일 경마가 끝나면 월요일부터 목요일까지 경주를 복기하고 기록하면서 이번 주 나올 예상 마필을 훑어보다 보면 또 금세 목요일이 되어 반복되는 삶을 살아야 했다. 그러니 불만 가질 틈이 없었다. 운전하면서도 경마 생각을 하고, 밥 먹을 때도 경마 생각을 했다. 길을 걸을 때도 그랬고, 앉아 쉴 때도 생각했다. 수없이 생각하면서 생각이란 것도 발전한다는 걸 알았다. 몽골이 세계를 제패할 때 어떤 마필이었고, 왜 제주도에서 말을 오랜 기간 육성했으며, 부산 영도의 절영도는 왜 절영도일까 하는 생각이 자연스럽게 생겨났다. 또 얼룩말과 경주마 중 누가 빠를까 하는 호기심도 발동하곤 했다.

경마장은 내가 태어나기 이전부터 존재하던 곳이다. 세상은 언제나 그렇듯, 항상 그 자리에 있었지만 내가 다가서지 않았기 때문에 몰랐던 곳이 많다. 도박이냐 레저냐를 따져 묻기 전에 행복한 결론으로 끝나면 레저라고 생각한다. 5년 전 처음 경마장을 갔을 때도 그랬고 지금까지도 나는 경마를 스포츠라고 생각하지 않은 적이 없다.

과거에는 왜 매일 술이나 퍼마시고 울었을까? 무엇 때문에 세상을 부정하고 원망했을까? 이유를 알기까지 꽤 많은 시간이 걸렸다. 바보처럼 살라고 어느 누구도 권하지 않았지만, 군이 바보처럼 산 이유는 바로 할 일이 없었기 때문이다. 할 일이 없기 때문에 핸드폰 게임이나 하면서 시간이 안 간다고 투덜대고, 막상 월요일 아침이 되면 왜 이리 시간이 빨리 가서 회사에 출근한다고 투덜댔다. 배고프면 배고프다 짜증 내고, 배부르면 배부르다 짜증 내는 이런 바보가 또 있을까 싶었다.

취미는 보통 돈을 쓰는 것이다. 나 또한 경마를 하면서 돈을 썼다. 하지만 돈 5만 원으로 아내와 둘이서 일주일을 행복하게 보냈다. 돈을 따서 행복했을까? 잃은 적이 비교도 할 수 없을 만큼 많았다. 맛있는 음식을 먹어서 행복했을까? 찬밥에 컵라면 먹었다. 말 뛰는 모습이 심금을 울렸을까? 말 뛰고 나면 후회만 더 했다. 지금이야 경마장 주차비를 받지만 당시에는 무료였다. 무료 주차장에 차를 세우지 못하면 유료 주차장에 주차해야 하기 때문에 주차비 아까워서 일찍 오는 수고를 마다하지 않았고, 경마가 끝날 때 엄청난 인파로 인해 빠져나오는 데만 한 시간씩 걸릴 만큼 복잡했다.

그럼 무엇 때문에 미친 듯이 다녔을까? 경마나 골프나 서핑, 낚시, 등산 등 세상에 있는 수많은 취미생활과 같다고 본다.

만약 골프가 취미라면 매일은 아니더라도 시간 날 때마다 연습장을 다녀야 하고, 웬만하면 TV로 골프 채널을 본다. 골프에 관심이 있으니 자연스럽게 방송도 보고 레슨 채널을 보면서 심지어 따라도 한다. 거실 한편에 마련한 퍼팅 연습도 간간이 하고, 친구들과 스크린도 가끔 치고, 능력이 되면 필드도 자주 간다. 필드는 집하고 가까운 곳을 갈까? 비싸기 때문에 나는 최소한 안성이나 충청도 쪽으로 갔다. 티업 두 시간쯤 전에 미리 도착해서 점심을 먹고 시간이 되기를 기다렸다. 골프장 풍경이 예뻐서 사진도 찍었다. 영화에서 보면 카트를 타고 가는 그림이 나오지만, 골프 초보인 사람들은 흐름에 방해가 될까 싶어 필드를 뛰어다닌다. 골프 다 치고 저녁을 먹으면서 하루를 돌아보고 연습이 부족했다는 생각이 들면 또 연습에 매진하면서 사는 것이다.

경마장을 가는 이유는 일주일 동안 공부한 내용을 토대로 나의 예상을 확인하는 데 있다. 내가 선택한 마필이 선행을 가서 와이어 투 와이어(처음부터 끝까지 선두) 우승하면 기분 좋다. 물론 한 발 참았다가 막판에 추입(역전)으로 우승하면 짜릿함을 느낄 수 있다. 최선을 다한 만큼 좋은 결과가 나오면 좋겠지만, 만약 그렇지 못한 결과물을 받았을 때는 또 월요일부터 다시 공부하여 다음 주를 기대하면 되기에 상관없었다.

골프도 마찬가지다. 그동안 연습한 결과물이 나오면 기분이 좋고, 결과물이 예상처럼 나오지 않았다면 또다시 연습하면 그만이다. 매일 할 수 있는 것을 찾고, 결과를 보기까지의 과정에서 가슴이 설레고, 결과를 확인하면 아쉬움과 행복이 남기 때문에 오랜 기간 이어갈 수 있었다.

골프에 관심 있는 사람은 골프 이야기를 주로 하고, 경마의 관심 있는 사람은 경마 이야기를 한다. 그런데 골프는 아무렇지 않은 시선으로 보지만, 경마는 도박이라는 선입견을 가지고 보는 사람이 여전히 많은 실정이다.

경마에 관한 글을 쓰니 내용이 많이 길어지고 있다. 경마를 하라는 뜻에서 글을 쓰는 것은 절대 아니다. 비만이면 '다이어트'는 반드시 해야 한다고 말하며, 삶을 되돌아볼 수 있는 글쓰기는 웬만하면 하라고 권하고 있지만, 경마는 해도 상관없고 하지 않아도 무방하다. 그런데도 자꾸 경마 이야기를 하는 건, 남의 시선 따위는 접어두고 본인이 재미를 느끼고 오랜 기간 할 수 있다고 여기면 그것이 본인만의 행복이라고 생각하기 때문이다. 나는 경마가 힘들다 여긴 뒤부터 자연스럽게 경마를 그만두었고, '다이어트'로 취미를 바꿨다. 다이어트 또한 경마나 골프처럼 오랜 기간 할 수 있다고 생각했다. 결과부터 말하면, 243일 만에 다이어트는 끝이 났다. 다이어트하기 전에는 15개월을 예상했는데 말이다.

이 또한 경마나 골프와 다르지 않았다. 골프 연습 할 때 온몸이 아팠음에도 참았던 이유는, 상상했기 때문이다. 안개가 걷힌 아침 잔디에 물기가 있는 모습을 상상했고, 새소리가 반겨주는 것을 상상했다. 티샷 때 "나이스 샷."이란 응원을 상상했고, 평소 밝은 옷을 좋아하기 때문에 골프 복장을 입은 자신을 상상했다. TV에서만 보던 골프장에서의 내 모습을 상상했다. 상상은 자유라지만, 상상만으로도 가슴이 설레고 행복한 내 모습을 봤기 때문에 나는 연습을 게을리할 수가 없었다.

다이어트 또한 하고 싶다는 생각이든 후 제일 먼저 상상을 했다. 105kg에서 79.9kg으로 줄어든 몸을 상상했다. 일단 지긋지긋한 뱃살이 없어지는 상상을 했고, 비싼 메이커가 아니라 시장의 싸구려 옷을 입어도 '핏'이 살 것 같다는 상상을 했다. 살 빠지면 제일 먼저 마네킹이 입고 있는 옷을 죄다 사겠다는 상상을 했을 땐 절로 미소가 지어졌다. 평소 아내와 딸에게 "다이어트 좀 해라! 다이어트가 뭐가 어렵냐? 안 먹으면 되지! 그걸 못 참아?"라고 늘 말하면서 살았기 때문에 자신도 있었다.

세상에 쓸모없는 경험은 없다. 경마장을 다니면서 예상을 했고, 자연스럽게 예상가라는 직업도 생겼다. 다이어트하는 경험을 나누면서 어느새 다이어트 선생님이 되어 있었다. 다이어트를 시작하기 전, 정상적인 체중으로 살아갈 모습을 상상하니 기분이 좋았고, TV 속에서 보던 골프장에 내가 있을 거라 상상하니 기분이 좋았다.

이런 내가 은퇴 후 나의 모습은 상상하지 않았을까? 무수히 상상했고, 그리 살기 싫었다. 그래서 오늘도 최선을 다해 살아간다.

6.

70%는 나를 싫어하거나 관심이 없다

대한민국 사람들처럼 시기하고 질투하고, 남 하는 일에 엄청난 관심을 두고 사는 국민도 드물 것이라 생각한다. 블로그를 하고 있는 사람에게 블로그는 한물갔고 요즘은 유튜브가 대세라고 말한다. 나도 유튜브가 블로그보다는 전 세계적으로 잘 나가고 있는 걸 안다. 하지만 이용하는 입장과 운영하는 입장은 전혀 다르다.

크게 보면 유튜브나 블로그 모두 정보를 제공하는 건 맞다. 제공하는 입장에서 보면 블로그는 비교적 짧은 시간에 포스팅할 수 있지만, 유튜브 영상을 한 번이라도 올려본 사람이라면 엄청난 노력과 수고, 그리고 시간을 제법 투자해야 한다는 걸 느꼈을 것이다. 하지 않는 사람 입장에서는 쉽게 할 수 있는 말이지만, 운영하는 입장에서 그런 말을 들으면 힘이 쭉 빠진다.

글을 쓰다 보니 『다이어트, 상식을 깨다』와 『내가 나를 사랑해』라는 제목의 책 두 권이 출간되었다. 책을 출간 후 가장 많이 들었던 말 중 하나가 "돈은 얼마나 벌었냐?"였다. 작가는 글을 쓰는 사람이고, 출판사는 책을 출간하는 곳이다. 작가가 상업적인 돈벌이를 생각했다면, 글 쓰는 시간에 빈 병을 주워 파는 것이 현실적으로 더 많은 돈을 벌 것이다. 출판사는 먹고살아야 하기 때문에 당연히 돈 생각을 안 할 수 없지만, 작가는 돈이 아닌 나를 알리는 데 최선을 다하면 된다.

내가 유명해지면 지금보다 더 많은 책이 팔릴 테고, 나를 선택한 출판
사도 최소한 적자는 면할 테니 작가는 글 쓰는 데 최선을 다하고 출판사
는 홍보를 잘해서 서로에게 도움이 되면 된다. 1년 동안 책 한 권 읽지
않는 사람이 태반이다. 돈벌이가 안 되는 것이 당연하고, 대한민국 출판
시장이 어려운 것은 불가피한 현실이다. 책을 많이 사 읽는 사람이 책 써
서 돈 벌었냐고 물었다면 기노 안 찼을 것이다.

다이어트를 해서 74kg까지 감량을 했고, 현재 81kg으로 살아가니 "살
쪘다."라는 말을 듣는다. 처음 다이어트했을 때 분명 79.9kg이 평생 유지
하고픈 내 목표 체중이라고 목 터지게 말했다. 나는 다이어트를 할 때도
분명히 블로그에 기록을 남겼다. 시작 체중과 현재 체중, 그리고 목표 체
중을 다 기록했다. 74kg까지 감량한 이유는, 다이어트를 하지 않고 일상
을 살아가면 체중이 일정 수치 증량되는 것이 자연스러운 현상이라 생각
했기 때문이다. 그렇기 때문에 74kg까지 감량했고, 애초 목표로 삼았던
체중을 유지하며 살아가고 있는데 관심이 많았던 사람이 콕 집어 살쪘다
고 말해준다.

이렇듯 세상에는 남을 의식하는 순간 내가 할 일이 별로 없다는 사실
을 알아야 한다. 다이어트를 한다고 했다. 그러자 요요 올 다이어트 왜
하냐고 했다. 다이어트에 성공했다고 하니 곧 요요가 온다고 한다. 취미
가 무엇이냐 묻기에 글 쓰는 게 취미라고 대답했다. 돈 안 되는 글 뭐 하
러 쓰냐는 대답이 돌아왔다. 그리고 알았다. 나를 아는 사람 10명 중 가
족을 제외한 3명만이 나를 진심으로 사랑해주고, 3명은 질투하면서 안

좋은 마음을 가진 사람이라는 것을. 그리고 나머지 4명은 나에게 관심조차 없는 사람이란 걸 늦게나마 알았다.

사람들의 말에 흔들리지 말아야 한다. 스스로 생각했을 때 큰 손해가 아니라면, 누가 뭐라고 해도 경험하는 것이 좋다. 경마를 도박이라고 생각하는 사람에게 레저고 스포츠라는 말을 하며 설득하는 대신, 귀 막고 내 할 일을 묵묵히 하면 된다. 가족이 아닌 다른 사람은 내가 잘 되는 것을 그다지 좋아하지 않는다. 왜냐하면 본인의 가치를 올려야 하는 걸 알지만 본인이 하기에는 힘들고, 남의 가치를 내리는 것은 쉽기 때문에 그 일에 혈안이 되어 있는 것이다.

블로그를 시작할 때는 커다란 목표가 있지 않았다. 어린 시절에 일기를 썼던 것처럼 나의 하루를 기록하고, 특별했던 여행을 기록하고, 아내와 함께한 외식을 기록하고 싶었을 뿐이었다.

경마장을 갔을 때도 특별한 무언가를 기대하지 않았다. 반드시 돈을 따겠다는 마음도 없었고, 예상가로 활동하면서 엄청난 팬을 기대하지 않았다. 경주의 생생한 현장감이 좋았고, 내가 응원한 마필이 입상하면 행복했다.

다이어트를 하면서도 무언가를 기대하지 않았다. 아픈 몸으로 더 이상 살기 싫었고, 점점 나오는 배도 싫었다. 다이어트에 성공해서 요요가 오고 안 오고는 나중 문제였다. 세월이 지나 요요가 오면 다시 다이어트를 하면 된다고 생각했다. 일단 목표로 했던 체중을 감량해야 체력도 좋아지고, 그 체력을 바탕으로 인생의 2막인 직업도 구할 수 있다고 믿었다. 서 있으면 앉고 싶고, 앉으면 눕고 싶고, 누우면 자고 싶은 것이 사람이라는데, 점점 게을러지는 내 모습을 보니 도저히 가만히 있을 수가 없었다.

처음 글을 쓸 때도, 내가 『태백산맥』을 쓴 조정래 작가가 아님을 알고 있었다. 초보 작가가 글을 써봐야 얼마나 잘 쓰겠는가? 못 쓰는 것을 당연하게 생각했고 당연함으로 알았기 때문에 작가 인세는커녕 내가 쓴 글이 세상의 빛을 볼 수 있을 것이라는 기대도 하지 않았다. 맞춤법도 몰랐고, 띄어쓰기는 더더욱 몰랐다. 글을 쓰면서 맞춤법과 띄어쓰기 공부를 자연스럽게 하게 되었고, 몰랐던 정보를 찾으면서 알게 되는 지식도 생겨났다.

다이어트, 강연을 하면서 많은 사람과 카톡으로 교류하는 과정에서 그들의 가정사를 알게 되었다. 결혼은 몇 년 차고, 아이는 몇 명이며, 아이들의 나이와 남편의 직업과 취미를 알면 알수록 몇 년 후 그들에게 닥칠 불행이 보이곤 했다. 비단 다이어트 회원의 문제만이 아니라 현대 사회를 살아가는 사람 모두가 해결해야 할 숙제라고 생각한다. 늦은 결혼으로 인해 아이들은 어리고, 남편은 언제까지 직장에 다닐 수 있을지 의문이 들었다. 그럼에도 대부분의 사람은 지금의 삶도 버거워했고, 무언가를 시작할 엄두도 내지 못했다. 더 아쉬웠던 부분은 "나 같은 사람이…"라며 스스로를 낮춰 말했고, 본인이 얼마나 대단한 사람인 줄도 모른 채 자신의 가치를 과소평가하는 모습이었다.

나는 작은 회사에서 근무한다. 월급이나 연봉을 떠나 대기업 같은 복지도 없다. 법적으로 쓸 수 있는 그 흔한 연차도 없다. 사람이 살다 보면 피치 못할 사정이 생기기 마련이다. 그럴 때마다 초등학교 학생처럼 일일이 사생활을 나열하면서 부탁도 하고 사정까지 해서 결근을 허락받아도 월급은 차감된다. 절이 싫으면 중이 떠난다는 말처럼 이런 부당함이 싫으면 다른 곳으로 이직하면 된다. 그러나 이직을 못하는 이유는 내가 이

곳보다 더 좋은 대우를 받지 못하는 것을 알기 때문이다.

사람은 사람답게 살아야 한다. 지금 현실도 이러한데, 10년쯤 세월이 지나면 어떻게 될까? 그렇게 싫어했던 회사였지만 다닐 수는 있을까? 참고 견디며 다닐 수 있다면 금전적으로는 문제가 없겠지만, 만약 회사에서 나이 먹고 월급만 많다고 나가라고 하면 그때는 어떻게 될까?

수입을 늘려 생활하는 것은 쉽겠지만, 지금 당장만 해도 돈 문제가 없지 않은 마당에 지출을 줄이며 생활하는 건 정말이지 끔찍한 일이 될 것이 자명하다. 회사를 그만두고 놀 수는 없기 때문에 다른 직장을 구하려고 노력하겠지만, 두 팔 벌려 나를 반기는 직장이 있을까? 있다고 해도 지금 다니는 회사만큼 월급을 줄까? 그럴 일은 절대 없다고 본다. 상상만으로도 끔찍한데, 과연 이게 단순한 상상일까? 10년은 꽤 긴 시간 같지만, 금방 내 앞에 들이닥칠 현실이다.

세 아이를 낳고 키웠다. 아이가 세 명이나 있다고 해서 우리 부부를 위해 생활비를 내놓을 거란 기대는 하지 않는다. 왜냐하면 나 또한 엄마에게 생활비는커녕 용돈도 제대로 못 드리기 때문이다.

이순신 장군에게 열두 척의 배가 남았다면, 나에게는 12년의 시간이 있었다고 생각한다. 12년 동안 무수히 많은 경험을 한다면 자연스럽게 평생 돈 걱정하지 않고 살 수 있다고 믿었다. 무수히 많은 경험을 해도 여유 있게 생활할 수 있을지 장담할 수 없는 인생의 2막을 일절 준비하지 않고 손 놓고 있으면, 인생의 2막이 어떻게 될지는 말하지 않아도 알 것 같았다. 거리에서 군고구마를 팔더라도 내가 파는 것과 방송인 강호동이 파는 것 중, 어느 쪽이 더 많이 팔 수 있을까? 그래도 12년간 블로그를 하고 매일 글을 쓰며 대한민국에 이호재도 있다고 알리면서 살아가면, 아무것도 안 했을 때보다는 군고구마를 더 많이 팔 수 있다고 확신한다.

남들의 시선을 의식하며 살기보다는 나만의 철학을 가지고 살아야 행복할 수 있다. 곱게 포장된 나 자신을 속여 없어도 있는 척하고 몰라도 아는 척 해봐야 곪는 건 내 속뿐이다. 나를 아는 사람이 10명 있다고 치면, 나를 사랑해 주는 사람은 3명이다. 반대로 내가 무엇을 해도 싫어하는 사람 또한 3명이다. 새밌는 사실은 나를 싫어하는 사람들에게 잘 보이기 위해 부단히 노력하며 살면서 그들에게 상처받고, 결국 나를 사랑해 주는 가족에게 나 또한 상처를 준다는 사실이다.

7.

나도 인생은 처음이다

난 내가 이 세상에 태어날 줄 몰랐다. 이 글을 읽는 사람 모두 몰랐을 것이다. 내 뜻, 내 의지와 상관없이 태어났다. 그래서 감사하기보다는 불평불만을 터뜨리며 살았는지도 모르겠다. 왜 하필 가난한 집안에서 태어나 이토록 고생을 하고 살았으며, 아빠는 대체 무슨 생각으로 12살, 9살짜리 자식과 서른도 안 된 엄마를 두고 세상을 등졌는지 이해할 수가 없었다. 아빠의 죽음은 슬픔이 아닌 원망이었다. 남편 없이 여자 혼자 아이를 키운다는 것은 참으로 힘든 일이다. 일단은 혼자 돈을 벌어서 두 아이를 포함해 세 가족이 먹고살기조차 버거웠을 것이다. 또, 이런 환경에서 자란 아이는 다른 아이에 비해 기가 죽은 상태로 성장한다. 또래 친구들이 아빠와 무엇을 했다는 자랑 아닌 자랑을 들을 때면 미치도록 괴로웠다.

지금도 남자와 여자가 같은 일을 해도 버는 돈이 다른데 당시는 어땠을까? 더하면 더했지 덜하진 않았을 것이다. 80년대에 여자가 벌면 얼마를 벌었을까? 그 적은 돈으로 세 식구가 먹고살아야 했기 때문에 나와 동생은 과자를 한 달에 한 번 먹을까 말까 했다. 지금 생각하면 웃기지만, 오죽했으면 내가 어른이 되면 '인디안밥'을 주식으로 먹을 것이라는 다짐까지 했을까.

어른이 되어 아내를 만나 아이를 낳고 키우면서 힘든 삶을 살다 보면 힘에 부칠 때가 많다. 나이를 먹으면 먹을수록 얼굴도 기억나지 않는 아빠 생각이 자주 났다. 아빠는 어떤 사람일까? 자라온 환경에 따라 각기 다른 기억을 떠올릴 것이다. 어떤 이는 안 좋은 기억이 날 것이고, 어떤 이는 따뜻함을 느낄 것이다.

23년 전, 나는 뜻하지 않게 아빠가 되면서 한 가족의 가장이라는 직책을 짊어졌다. 책임감만 있지 대책은 없이 살았다. 그런 나로 인해 가족들은 말하지 않지만 수많은 상처를 받았을 것이다. 갓 스무 살을 넘긴 아빠는 성숙하지 못했고, 남편으로서도 형편없었다. 남편도 처음이었고, 아빠도 처음이었다. 운전을 처음 할 때, 우린 초보운전이라고 한다. 처음에는 여유도 없고 서툴지만, 시간이 지나면 집중을 안 해도 될 만큼 운전에 여유가 생긴다. 어디 운전만 그러하겠는가? 모든 일은 처음엔 엉망이다. 결혼도 마찬가지고 육아도 마찬가지다. 어떻게 보면 인생도 처음이니 모든 일이 뜻대로 되지 않는 것은 당연한 것 같다. 삶이 두 번 있다면, 한 번은 그냥 살아보고 두 번째 인생에서 같은 실수를 반복하지 않고 살 수 있어 좋을 것이다. 문제는, 불행하게도 삶은 단 한 번밖에 없다는 사실이다.

살다 보면 아픔도 있고, 눈물도 있고, 때론 힘에 겨울 때도 있다. 반대로 말하면 기쁨도 있고, 웃음도 있고, 편안해질 때도 있는 것이 인생이다. 매일, 매 순간 기쁘고 편안하게 웃고 살아가면 진짜 행복할까? 하루 이틀은 행복하다고 느끼겠지만, 익숙함에 젖어 얼마 가지 않아 행복을 느끼지 못하고 살아가게 된다. 아픔이 있기 때문에 기쁨을 느낄 수 있는 것이고, 눈물을 흘렸기 때문에 웃을 수도 있는 것이 인생 아닐까? 분명 인생은 처음이지만, 그래서 초보지만, 삶을 있는 그대로 인정하고 받아들이면서 느끼고 살아가면 아파도 덜 아플 것 같다. 바쁘게 움직이며 살다가도, 가끔 넋 놓고 멍하니 하늘만 쳐다봐도 행복하다고 느끼는 건 그간의 바쁨이 주는 선물이라 생각한다.

열여섯 살 엄마가 아이를 처음 키울 때의 심정은 어떠할까? 무엇을 알고 육아를 했을까? 자기 몸 하나 건사하기도 버거운 나이이다. 그런 아이가 육아를 한다면, 아이는 올바르게 성장했을까? 그리고 중학교에 다닐 나이의 여자가 아이를 키우는 것이 과연 쉬운 일이었을까? 어떤 상상을 하든 그 이상으로 힘겨웠을 것이다.

결혼은 축복받는 자리다. 그래서 모두가 결혼식장에 가면 진심으로 잘 살기 바라면서 응원해 준다. 하지만 16세에 불과한 나이에 엄마가 된 여성은 대한민국에서 곱지 않은 시선의 대상이 된다. 축하는커녕 동물원 원숭이 보듯 신기하게 쳐다보고 비아냥거린다. 가뜩이나 육아도 힘든데 시선 또한 곱지 않으니 얼마나 많은 스트레스를 받으면서 살았는지 더 말하지 않아도 될 것 같다.

결혼 24년 차의 아내는 이제 아이를 어느 정도 성장시켰다. 아내는 서른아홉 살이고, 첫째와 둘째는 스물네 살, 스물두 살의 성인이 되었다. 막둥이인 열네 살짜리 하나만 케어하면 되니 이제는 살만하다.

내가 굳이 나의 불편한 가정사를 이야기하는 데는 이유가 있다. 아내가 아이를 잘 키웠다고 자랑하려는 것이 아니다. 16세 소녀가 아이를 잘 키웠으면 얼마나 잘 키웠겠는가? 거의 방임 수준으로 키웠다고 하는 편이 더 설득력이 있을 것 같다. 육아로 인해 고통을 겪거나 힘들어하는 사람 중 아이를 잘못 키워서 아파하는 사람이 있다면 말하고 싶다. 아이에 대한 죄책감을 갖지 않았으면 좋겠다. 육아를 하게 되었으니 또래 아이들보다 더 많이 성장하면 좋겠지만, 그렇지 않다고 해서 속상해할 필요는 없다는 것이다. 엄마가 아이를 가르친다고 생각하면 엄마가 힘들고 아프다.

아이도 이 세상에 처음 태어나고 자라지만, 엄마 또한 아이와 다르지 않다. 엄마도 엄마가 처음이다. 둘째를 낳아도 그 아이 또한 처음인 건 마찬가지다. 처음인 아이와 엄마는 같은 입장이기 때문에, 누가 누굴 가르친다는 표현보다는 함께 성장한다고 하는 것이 옳다. 엄마로 인해 아이가 성장하는 건 맞다. 그럼 엄마는 아이에게서 배우는 것이 없나? 엄마 또한 아이를 통해 수많은 것을 배우면서 성장한다. 처음이기 때문에 실수를 하는 건데, 그것으로 인해 아파하고 힘들어하는 것처럼 바보 같은 짓이 또 있을까 싶다. 내 아빠라고 원해서 일찍 세상과 결별 했겠는가? 그런 아빠를 참 많이도 원망하면서 살았던 나다. "우리 가족이 이렇게 힘들게 살아가는데 죽을 것이면 돈이라도 많이 벌어놓고 죽던지!" 하면서 진짜 바보 같은 원망을 했다.

세상을 살아가면서 여유를 가지라는 말을 하고 싶다. 세상에서 제일 예쁜 나의 하나밖에 없는 큰딸은 올해 스물네 살이지만 오후 3시가 되어야 눈을 뜬다. 고등학교 2학년, 자퇴를 한다고 했을 때는 정말 세상이 무너지는 것 같았다. 자퇴서를 쓰면서 떨리는 손을 주체할 수 없었지만 웃었다. 아니, 웃으려고 노력했다. 그리고 딸에게 괜찮다고 말해줬다. 밤새 컴퓨터 게임을 하면서 오후 3시에 일어나는 모습을 보면, 보는 나도 답답한데 내 딸은 얼마나 답답할까 싶다. 중졸이 오후 3시에 일어나는 것이 자랑은 아니지만, 그것마저도 있는 그대로의 모습이라며 여유를 가지고 지켜본다.

잔소리한다고 해서 달라질까? 스스로 느끼고 세상을 마주할 때가 올 것이다. 16세의 엄마 품에서 성장한 아이다. 엄마가 덜 성장해서 낳고 키운 아이가 대성할 것이라는 생각은 해본 적이 없다.

과거보다 길게는 30년을 더 살아야 하는 세상이다. 몇 년 늦는다고 부모가 조급해하면 아이는 더 큰 죄책감에 시달리고, 자존감이 땅바닥까지 떨어져 세상과 마주하는 것을 더 힘들어할 것이다. 아픔도 느끼고, 행복도 느끼며, 평소 바쁘게 살아가지만, 가끔은 여유도 느끼면서 세상을 마주한다면 참 맛있는 세상이 될 것 같다.

과거의 부모님은 물고기를 잡아다 주었다. 최근의 부모는 더 똑똑하고 현명해서 물고기 잡는 법을 알려주려고 애쓴다. 아이는 관심이 없고, 부모는 당연히 해야 한다고 믿기 때문에 아이와 부모 둘 다 힘들게 살아가는 건 아닐까?

나는 과거에도 아이의 미래를 위해 크게 신경 쓰지 않았고, 그건 지금도 마찬가지다. 남들이 보면 무관심하다고 할 수도 있고, 또 그 말이 맞을 수도 있다. 하지만 난 물고기를 잡아주지도 않을 것이고, 물고기 잡는 법도 알려주지 않을 것이다. 그러니 방치일 수도 있고 무관심일 수도 있다.

그러나 우리 아이들이 스스로 물고기를 잡고 싶어 하게끔 내가 행동으로 보여줄 것이다.

다이어트가 하고 싶었다. 그래서 시작했고, 30kg 감량했으며 3년째 요요 없이 잘 산다.

맞춤법도 모르지만, 책 한 권 출간하는 것이 버킷리스트에 있었다. 동물은 죽어서 가죽을 남기고 사람은 죽어서 이름을 남긴다고 하는데, 정작 돌아가신 아빠의 이름도 가물거린다. 이처럼 사람은 죽으면 잊히고 만다. 그것이 현실이다. 하지만 책 한 권 출간하면 책이라는 형태로 남아 있지 않은가? 글의 'ㄱ'자도 모르면서 닥치고 썼다. 그래서 나온 책이 『다이어트, 상식을 깨다』이다. 책을 쓰니 또 다른 글이 쓰고 싶어졌고, 보다 많은 사람과 소통할 공간이 필요했다. 그렇게 만든 학교가 다정 아카데미다. 부모가 행복한 표정으로 자꾸 무언가를 하는 모습을 아이가 본다면 "나도 해볼까?" 하지 않을까 싶다.

취미로 시작한 것을 보다 더 알리면서 살아간다면, 그보다 뜻깊은 일도 없다고 생각했다. 하지만 가정주부든 워킹맘이든 매장을 차리는 건 쉽지 않다. 당장 가게 보증금도 필요하고, 각종 사무용품도 필요하며, 매달 정기적으로 나가는 임대료와 관리비 등 돈이 들기 때문이다. 뜨개질을 잘해서 알려주고 소통하려고 해도 시도를 못하는 것이 현실이다.

그래서 남들이 못하는 것을 내가 만들기로 했다. 나는 다정 아카데미를 통해 다이어트로 소통하고 글쓰기로 소통하면 된다고 생각했고, 내가 쓰지 않는 나머지 시간에는 그 공간을 거의 비용을 받지 않고 빌려주기로 마음먹었다. 그렇게 본의 아니게 또 다른 직업도 생겼고, 처음 사는 내 인생에서 어떤 삶이 펼쳐질지 몰라 매일이 설렜다.

제2장

다이어트와 인생이야기

체중을 빼는 다이어트를 했다.
언제 요요가 올지는 모르겠지만 다이어트를 통해 많은 것을 이루었다.
건강도 되찾았고, 책을 출간하면서
작가의 삶을 사는 밑바탕이 되었다.
미용을 위한 다이어트는 모르겠지만,
살기 위한 다이어트라면 수단과 방법을 가리지 말고 해야 한다.
인생도 마찬가지다.
편안하게 살았고 고민 없는 삶을 살아가고 있으며,
앞으로도 지금처럼만 살았으면 하는 마음이라면
인생 다이어트를 할 필요는 없다.
다만 지금의 삶이 힘들고
앞으로도 더 나아질 기미가 보이지 않는다면
반드시 인생 다이어트를 추천한다.
그런데 진정한 다이어트는 무엇일까?
살 빼는 것이라면, 틀렸다.
진정한 다이어트는 습관을 바꾸는 것이다.
그것이야말로 요요가 없는 유일한 방법이기 때문이다.

1.

스무 살, 두 번째, 그리고 세 번째, 스무 살

어린 시절, 스무 살이 되면 어른이라고 생각했다. 하루빨리 어른이 되는 것이 소원인 적도 있었다. 어른이 되면 나 하고 싶은 건 다 하면서 살 줄 알았다. 스무 살이면 어른이기 때문에 당연히 독립해서 집도 있고, 멋진 승용차도 생기는 줄 알았다. 서른쯤 되면 마음씨 고운 여자를 만나 결혼하고, 떡두꺼비 같은 아들딸 낳고 행복하게 살다가 정년퇴임하면 시골로 내려가 농사나 지으며 여유 있는 노년을 맞이하는 줄 알았다. 왜냐하면 TV 속 드라마의 주인공은 그랬고, 나 또한 내가 주인공인 줄 알았으니까.

스무 살 때 대기업이라고 하는 자동차 회사에 들어갔다. 하루 12시간 2교대 근무를 했고, 내가 꿈꾸던 현실과는 달랐다. 어른은 되었지만 내 마음대로 할 수 있는 건 없었다. 마치 일하는 기계가 된 듯했다. 눈 뜨면 통근버스를 타고 수원에서 화성까지 이동하면서 모자란 잠을 청했고, 12시간 동안 쉬는 시간을 제외하곤 일만 했다. 그나마 오전 근무는 할 만 했지만, 야간 12시간 근무는 영 적응이 되질 않았다. 그렇게 1년 6개월 다니고 난 후, 입대를 핑계로 주야 2교대는 영원히 하지 않겠노라 다짐했다. 그 후 주간만 하는 방위산업체를 선택했고, 그곳에서 아내를 만났다.

사람마다 다르겠지만, 나는 20년마다 중차대한 결정을 해야 한다고 생각한다.

1세에서 20세까지는 배우는 시기다. 기는 것도 배우고, 걷는 것도 배우고, 말도 배우고, 글도 배운다. 초·중·고 12년 동안 학교에서 지식도 배우지만, 공동체 생활이라는 것을 배워 더불어 사는 삶까지 배우는 시기다. 이 20년 동안 어떠한 삶을 살았느냐에 따라 어느 정도 운명이 결정된다. 학교 공부에 충실해서 좋은 대학에 진학하는 사람도 있고, 일찍 연예계 쪽으로 발을 들이는 사람도 있다. 그리고 나처럼 공부와는 담을 쌓고 돈을 벌겠다는 목적으로 공장에 들어가는 사람도 있다. 보통은 공부 잘해서 좋은 대학에 입학하면 성공했다고 한다.

21세에서 40세까지는 결정의 시기다. 남자의 경우 군대도 가야 하고, 직장도 결정해야 한다. 학업에 관심이 있다면 유학을 가거나 대학원을 갈 것이고, 대기업에 취업한 사람도 있을 것이며, 중소기업에 취업한 사람은 물론 아예 백수로 지내는 사람도 있다. 무엇보다 결혼도 이때 가장 많이 결정한다. 빨리 하는 사람은 나처럼 20대 초반에 하고 늦게 하는 사람은 40을 넘어서도 하지만, 보통은 이 시기에 가장 많이 한다. 물론 속 편하게 혼자 사는 사람도 있다. 보통은 의사나 판·검사가 되어 결혼하고 건강하게 아이를 낳아 가정을 이루면 성공했다고 한다.

40세쯤 되면 스스로를 점검할 필요가 있다. 정확한 자신의 위치를 알아야 하기 때문에, 있는 그대로의 나를 밖으로 드러내야 41세부터 60세까지의 삶을 살 수 있다.

첫 구간의 20년은 내 의지와 상관없이 본능적으로 살았다. 랜덤으로 부모님을 만났고, 덕분에 가난했지만 건강하게 자랐다. 12세쯤 또 한 번 내 의지와 상관없이 아버지가 세상을 뜨셨다. 그리고 가난을 선물로 남겼다. 가난한 환경도 내 의지는 아니었고, 집안 자체가 꿈이 아니라 먹고 사는 문제를 신경 써야 했던 시기다.

두 번째 구간 20년은 선택에 대한 책임을 지는 시기다. 나 같은 경우 남들의 비해 공부를 게을리했으니, 몸으로 힘들게 일해도 보수는 적게 받았다. 결혼이란 선택도 15세의 아내를 만나 아이가 생겼기 때문에 얼떨결에 같이 살게 되었다. 어린 시절 부모님이 가난을 선물로 주었듯, 나 또한 아이들에게 가난을 선물로 안겨주었다. 두 번째 구간 역시 먹고사는 문제를 신경 쓰면서 살았으니 40년간 가난하게 산 셈이다.

사춘기가 무엇인지도 모른 채 마흔 앓이를 했고, 수없이 자살을 시도하면서도 이따금씩 이대로 죽으면 정말 억울할 것 같다는 생각을 했다. 정신을 차린 후 있는 그대로의 나를 돌아봤다. 재산이라고는 반지하방, 월세 보증금 500만 원과 빚 2,000만 원이 전부였고, 그 흔한 승용차 한 대도 없었다. 몸은 뚱뚱해서 관절은 아프고, 고혈압 환자였으며, 고지혈증까지 앓고 있었다. 더 나아가 하루라도 술을 마시지 않으면 잠을 못 이루는 알코올 중독자이며, 하루에 담배 두 갑을 태우는 골초였다. 인생의 낙이라고는 많이 먹는 것과 핸드폰 게임, 그리고 TV 드라마를 보면서 그저 남을 부러워하는 게 다였다. 아무리 생각해도 세 번째 구간의 20년 역시 변함없이 가난하게 살 것 같았고, 힘들게 살 게 뻔해 보였다.

처음 나의 현실을 나열했을 때는 진짜 '죽어버릴까?' 하는 생각도 들었지만, 최대한 냉정하게 생각해봤다. 가난한 집안에 태어났어도 건강했고,

아이 세 명 낳고 키웠는데 아이들은 잔병치레 없이 성장해 주었다. 게다가 다섯 식구가 외벌이로 먹고살았으니 반지하방이라도 얻어 살고 있는 게 어딘가 싶었다. 잘 사는 사람과 비교했을 때, 과연 내가 그들보다 열심히 살았나 하는 의심도 들었다. 남들은 한참 중요한 고등학교 시절에 좋든 싫든 공부했지만, 아르바이트해서 그 돈으로 여자들과 놀 궁리만 했던 나다. 남들은 입사하고 싶어도 못하는 대기업에 취업해놓고, 사회 초년생이라는 이유로 적응하지 못하고 그만둔 것도 나다. 처음 20년이란 구간을 성실히 배우며 성장한 사람들과 나 스스로를 비교했을 때, 가난한 환경을 탓하며 놀기만 했다. 그러니 두 번째 구간 20년은 그들에 비해 고생하는 게 당연하다고 생각하게 됐고, 자신이 부끄러워졌다.

과거는 부끄러운 삶을 살았지만, 미래는 부끄럽게 살고 싶지 않았다. 그동안 얼굴도 모르면서 잘 산다는 이유로 질투하고 시기하며 부러워했던 사람들은, 공부를 열심히 해서 대기업에 다니는 것이다. 아파트를 구입하고 승용차까지 타고 다니는 것은 그들의 노력이 있었기 때문이라는 사실을 인정했다.

있는 그대로를 인정하니 마음이 편해졌다. 왜냐하면 지금부터 그동안 노력하지 않았던 세월만큼 노력한다면 나 또한 그들과 어깨를 나란히 할 수 있고, 그들을 넘어설 수도 있다는 생각이 들었기 때문이다. 그런 생각만으로도 행복했고, 살아갈 이유로 충분했다. 평생을 가난하게 살면서도 밥은 먹었고, 심지어 뚱뚱했다. 돈은 없어도 옷은 입고 살았으며, 심지어 부자보다 더 큰 옷을 입었다. 부자보다 TV는 더 봤고, 핸드폰 게임도 더 했다. 한마디로 말해 할 것 다 하고 넘치는 삶을 살았다는 말이다.

다이어트하기 전, 삶을 통째로 바꿔야만 성공할 수 있다고 판단했다.

배고파 죽겠다며 식사를 하고, 식사를 마친 뒤에는 배 터져 죽겠다고 말했던 나다. 지금까지 라면과 빵을 주식으로 먹었다면 앞으로 사과나 양배추로 배를 채우고, 탄산음료 대신 맹물을 마시며, 치킨 대신 보쌈을 먹으면서 고기 맛 안 나게 야채까지 왕창 먹는다면 건강도 되찾을 수 있고 체중은 서비스로 빠질 것이라는 확신이 섰다. 결국 다이어트는 잘못된 식습관을 고치지 못한다면 결코 성공할 수 없다고 판단했고, 인생도 다이어트하지 않는다면 죽을 때까지 가난에서 허우적댈 것이 분명했다.

살 빼는 다이어트와 인생 다이어트는 크게 보면 다르지 않다. '왜 살쪘을까?'처럼 '왜 가난할까?'를 스스로에게 물어보면 답을 찾을 수 있다.

내가 가난했던 이유는 소중하고 귀한 시간을 TV와 게임으로 내버렸기 때문이다. 그것을 깨달은 후 지금까지, 게임은 건드리지 않고 TV 드라마도 보지 않은 채 대신 책을 읽고 글쓰기를 하고 있다.

하루아침에 습관을 고칠 수는 없다. 가난 또한 하루아침에 벗어날 수는 없다. 살 빼는 다이어트도 243일간 했더니 30kg까지 감량할 수 있었고, 중성지방 수치도 정상보다 크게 낮아졌으며, 무릎이나 허리 또한 불편함이 없어졌다. 그런 것처럼 인생 다이어트도 오랜 기간 한다면, 인생 2막을 살 네 번째 20년은 별 불편함 없이 행복하게 살 것이라 믿는다.

비록 40년간 가난으로 힘들게 살았음에도 자발적으로 10년 이상의 고생을 자처하는 건, 61세부터 죽는 날까지의 행복을 믿기 때문이다. 그리고 더 중요한 이유가 있다. 뜻하지 않게 가난을 선물 받은 나의 아이들이 "아빠 같은 사람도 이렇게 변해 행복하게 사는데…" 하며, 아이들이 용기를 얻을 수 있도록 동기부여를 해주고 싶다.

부모는 아이보다 30년 먼저 길을 걷는다고 했다. 비록 30년 차이는 나지 않지만, 나의 걸음, 걸음이 아이들이 행복을 찾아 걸을 수 있는 디딤

돌이 되길 바라는 마음이다. 그 마음으로 다이어트를 했고 책도 출간했다. 뚱뚱한 아빠가, 또는 엄마가 뚱뚱한 자신의 아이를 보며 "엄마 아빠는 비록 뚱뚱하지만 너는 반드시 다이어트해야 한다."라고 말하면 아이의 마음은 어떨까?

옛날에는 유명 대학을 나와서 대기업에 취업하면 성공했다고 했다. 그러나 최근에는 본인이 하고 싶은 일을 하면서 살아가는 것을 보며 성공했다고 말한다. 그 말인즉슨 요즘은 본인이 하고 싶은 것을 하기보다는 부모의 뜻에 따라, 또는 남들의 시선을 의식하며 웃는 가면을 쓴 채 하기 싫은 것을 억지로 하고 있다는 것이다.

부모라고 해서 아이의 인생을 좌지우지할 수 없다. 아이가 행복하게 살길 바란다면, 자신이 먼저 행복한 모습으로 살면 된다.

그러기 위해선 당신도 당신의 미래를 지금 당장 준비해야 할 것이다.

2.

다정 아카데미

화성 향남에 살고 있다. 향남에는 공간 대여를 해주는 곳이 없기 때문에 강연을 하려면 수원까지 가야 하는 번거로움이 있다. 『다이어트, 상식을 깨다』를 출간하고 다이어트 관련 강연을 하고 싶었다. 나의 경험을 있는 그대로 말해주고 싶었고, 다이어트로 인해 고통받는 사람들이 더 이상 돈벌이의 희생양이 되지 않기를 바라는 마음으로 강연을 잡았다. 향남에서 수원역에 있는 모임 공간까지는 거리가 꽤 된다. 강연 일정을 잡은 내 입장에서는 얼마든지 불편함을 감소할 수 있지만, 수원까지 나와서 강연을 들어야 하는 분들이 항상 마음에 걸렸다. 그리고 생각했다.

'작은 재능이지만 이웃과 나누며 소통하고 싶은 마음을 가진 사람이 나뿐일까?'

각기 다른 재능을 지닌 열 명의 사람만 있다면 해볼 만 하다는 생각이 들었다.

주부들의 경우, 아침에 아이를 등원시키고 집을 청소한 후 뭐라도 배우고는 싶지만 그 시간에 뭔가를 가르치는 학원은 거의 없고, 있다고 해도 비용이 만만치 않을 것이라 생각했다. 향남에도 무수히 많은 재주꾼이 있다. 뜨개질을 잘하거나, 켈리그라피를 잘 그리거나, 이런저런 재능을 가진 주부가 넘쳐난다. 영어를 잘하면 영어를 가르치면 되고, 일본어를 잘하면 일본어를 가르치면 된다. 주부 중에 스마트폰을 100% 활용하는 사람도 드물고, 컴퓨터도 게임 외엔 못하는 사람이 부지기수다. PPT가 무엇인지도 모르고, 블로그를 하고 싶지만 시작을 어떻게 해야 하는지 모르는 사람도 있다. 배우고 싶은 사람을 모집하고, 가르치고 싶은 사람을 모집해서 가르칠 공간에 모아주고 싶었다.

어떤 것이든 배우는 사람만이 배우는 것이라 생각하면 큰 오산이다. 가르치는 사람 또한 가르치는 과정을 통해 큰 것을 배우기 마련이다. 배우는 사람도 성장하고 가르치는 사람도 성장해서 각자 직업이 생긴다면 더없이 좋을 것 같다는 생각을 했다. 하루가 길다고 느껴지겠지만, 일주일이 정말 빠르게 지나간다고 말하는 사람도 많다. 나의 막둥이만 봐도 알 수 있다. 벚꽃이 흐드러지게 필 무렵, 다이어트 회원 중 한 분의 가족과 예산에 있는 출렁다리를 다녀왔고, 올여름에는 강릉 노추산에 있는 힐링캠프장을 다녀왔다. 두 곳 모두 13살의 막둥이와 함께했다. 어느 날 핸드폰에 있는 사진을 비교해보니 막둥이가 몇 개월 만에 제법 성장했음을 한눈에 알 수 있었다.

다정 아카데미의 '다정'은 '다 함께 정을 나눠 성장하자.'라는 의미로 지었다. 다정 아카데미를 만들기 위해 적지 않은 사람과 상의를 했다. 이런저런 마음으로 만들고 싶다고 브리핑을 하면 대다수의 사람은 응원과 용기를 주는 말 대신 "미쳤냐?"라고 대답했다. 이유는 보통 사람들은 배우기를 싫어하고 가르치는 것도 싫어한다는 것이다. 뚱뚱한 걸 알지만 다이어트는 하기 싫고, 영어를 배우고 싶지만 공부하기 싫어한다고 했다. 상의를 하면 할수록 자신감이 떨어졌다. 아무래도 돈을 투자해야 하는 것이기 때문에 고민할 수밖에 없었다. 여윳돈이 있어서 돈 천만 원 정도

까먹는다고 치면 모를까, 없는 돈을 은행에서 대출해야 했기 때문이다. 주위 사람들이 그 점 때문에 나를 미친놈 취급한 것도 잘 알고 있었다.

어느 날 종이와 펜을 꺼내 낙서 아닌 낙서를 하면서 끄적거리고 있었다. 가게 보증금 1,000만 원, 책상 몇 개, 의자 몇 개, 프린터, 냉난방기, 컴퓨터와 연결할 모니터 TV, 한 달 예상 임대료 등 나도 모르는 사이 이 것저것 알아보고 있었고, 부정적이 아니라 긍정적으로 생각하고 있었다. 1년간 매장 임대를 해서 한 푼도 못 벌었다고 가정을 했을 때, 어차피 보 증금은 돌려받는 금액이다. 임대료를 50만 원으로 잡았을 때 1년이면 600만 원, 각종 통신비와 전기세 및 수도세 등 관리비로 20만 원 잡으면 240만 원, 그리고 책상이나 의자 같은 집기가 200만 원, 이렇게 날린다 고 가정을 했다. 대충 1천만 원. 떡 사 먹었다고 생각하면 속이 편할 것 같았던 것 같았지만, 솔직히 말해 자신은 없었다. 배우는 사람 모집하는 것도 문제지만 특히 가르치는 사람을 모집하는 것이 쉽지 않다고 생각했 다. 왜냐하면 가르치는 사람 입장에서는 많은 수강료를 받으려 할 테고, 그럼 다정 아카데미에 의도가 무색해지기 때문이다. 그 결과 강사와 나 사이에 갈등이 생기지 않을까 하는 걱정이 앞섰다.

2018년 10월 20일. 아내와 함께 산 지 23년 만에 결혼식을 올렸다. 제 주도로 신혼 아닌 신혼여행을 다녀왔다. 이제 아카데미를 할지 말지 결 정을 내려야만 했다. 할 것이라면 하루 빨리하고, 하지 않을 것이면 하루 빨리 생각을 접어야 했다.

생각하는 과정에서 후회가 조금이라도 남을 것 같으면 매장을 오픈하 기로 마음먹었고, 결국 후회가 될 것 같아 매장을 구하러 다니는 동시에 이것저것 매장에 필요한 비품을 알아봤다.

음식 장사나 핸드폰 매장처럼 사람 많이 다니는 상권일 필요는 전혀 없었다. 오히려 번화가는 시끄럽고 주차하기도 불편하기 때문에 조금 외진 곳을 찾았고, 애초 생각했던 보증금 1천만 원에 임대료 50만 원 하는 곳을 찾아 계약했다. 그리고 냉난방기를 비롯해 다정 아카데미를 위해 필요한 물품을 채웠다.

2018년 12월 8일, 향남 상신리에 다정 아카데미를 오픈하고 전단지를 돌렸다. 현수막도 곳곳에 걸어두었다. 지역 맘 카페도 월 5만 원의 비용을 내고 본격적으로 광고를 했다. 먼저 내가 가르칠 수 있는 다이어트와 책 쓰기 회원을 모집했고 다른 분야의 선생님도 모집했다. 마음 같아서는 평일, 주말 가리지 않고 목숨 걸고 하고 싶었지만, 먹고는 살아야 했기 때문에 회사를 그만두는 것은 시기상조라 생각했다. 결국 주말 반으로 다이어트 회원을 모았다. 다이어트 강연 비용은 1만 원으로 하고, 공간 사용료는 2,800원을 받았다. 다정 아카데미로 돈을 벌겠다는 생각은 애시당초 없었다. 최대한 오랜 기간 버티면 된다고 생각했다.

지역 맘 카페는 월 5만 원을 내면 하루에 한 번 자유롭게 글쓰기가 가능하기 때문에 광고도 했고 작가답게 에세이 형식의 글도 올렸다.
2주나 3주에 한 번 하는 다이어트 강연. 조금 올 때는 한 명이 온 적도 있었고, 많이 올 때는 열 명이 넘는 사람도 왔다. 그도 그럴 것이 평소 서너 명이 관심 있다고 했을 때 연말이나 명절, 휴가철이 되면 아무리 다이어트가 시급해도 명절이 지난 뒤에 한다는 생각이 지배적이고, 연휴 내내 마음껏 먹고 난 후 체중이 걷잡을 수 없을 만큼 늘었을 때는 다이어트가 간절하다고 여기기 때문이다. 이처럼 다른 수업에 비해 다이어트는 환경이나 휴일이 좌우하는 경향이 있다.

하고 싶었고 겁도 났던 다정 아카데미는 결국 대다수의 지인이 말했던 것처럼 오픈 약 10개월 만에 접었다. 내 손으로 하나하나 채웠던 공간을 내 손으로 일일이 뺄 때 마음 아팠지만, 좀 더 노력하고 준비 더 하라는 의미로 받아들였다. 준비하는 과정은 힘겨웠지만 즐거웠고, 10개월 동안 약 30여 명과 함께했던 추억이 남아 행복했다. 물론 적지 않은 돈인 1천만 원을 까먹었지만, 다음에 다른 것을 잘 준비해서 만회하면 된다고 긍정적인 생각을 했다.

분명 돈으로만 보면 손해다. 그러나 회원들과 밥 먹고, 다이어트를 이야기하고, 책 쓰기를 말하면서 한 행동 하나하나가 추억이 되었고 그 모든 과정이 내게 큰 도움이 되었다. 우리 막둥이를 포함해서 여러 아이와 오이소박이를 만들기도 했고, 유튜브 영상도 여러 차례 찍곤 했다.

돈은 말 그대로 언제든 벌 수 있다. 그러나 경험이나 추억은 내 행동이 없으면 절대 생기지 않기 때문에 후회 없이 했다고 말할 수 있다.

과거에는 좋은 대학 나와서 대기업에 입사해 본인과 비슷한 아내와 남편을 만나 결혼하여 아이 잘 낳고 살면 그것이 행복이고 성공이었다. 하지만 지금은 좋은 대학은커녕 대학 비슷한 곳을 나오지 않아도 되고, 내가 하고 싶은 취미를 살려 더 정진하면서 살아가면 그것이 직업이 되는 세상이다. 그런데 정작 하고 싶은 것 자체가 없다고 말하는 사람이 대한민국에 많다. 일단 하고 싶은 것이 있어야 경험을 하고, 경험을 해봐야 나와 맞는지 맞지 않는지 알 수 있는데, 시작조차 못하는 사람이 많아 평소에도 안타깝다고 여겼다.

비록 다정 아카데미는 문을 닫았지만, 내가 할 수 있는 일이 있다면 여전히 최선을 다해 알릴 생각이다. 금전적인 이득만 생각한다면 힘들고 어렵겠지만, 돕겠다는 마음이 변하지 않는다면 시간이 걸릴 뿐이지 반드시 성공할 수 있다고 생각한다. 여기서 말하는 성공은 내가 하고 싶은 일을 평생 할 수 있는 것과 동시에 금전적으로도 걱정 없이 사는 것이 포함된다. 요즘은 1인 기업, 1인 브랜드라는 것이 유행이다. 창업도 1인 창업이 유행이고, 내가 살아온 길이 이력서라고 말하는 세상이다.

아직 세상을 덜 살아서 그런지 삶의 정답을 모르겠다. 그래서 사는 게 참 웃기고 행복하다. 세상을 잘 안다면 그 세상은 재미없을 것 같다. 그래서 지금의 삶이 참 좋다.

3.

1인 기업, 개인 브랜드

세상에는 헤아릴 수 없을 만큼 다양한 브랜드가 있다. 트럭 한 대로 시작한 지금의 한진그룹이 있고, 쌀장사로 시작한 지금의 현대그룹이 있고, 어린 시절 외할머니께 받은 병아리 10마리로 시작한 하림그룹 등이 있다.

과거에는 개인이 브랜드를 가진다는 상상을 하지 못했다. 그러나 지금은 자기 PR 시대다. 본인 스스로 나를 알리려고 부단히 노력한다.

내가 어떤 옷을 입고, 어떤 차를 타고, 몇 평의 아파트를 사는가? 중요하다면 중요한 문제다. 레스토랑에 가서 대리주차를 맡길 때도 고급 외제차를 맡길 때와 경차를 맡길 때 받는 시선이 다르다는 것을 부정할 수가 없다.

요즘 초등학생의 장래 희망으로 떠오르는 직업이 있다. 바로 유튜버다. 유튜버는 유튜브 채널을 이용한 개인 방송인을 말한다. 다이어트를 한참 공부할 때, 먹는 방송을 하는 개인 방송을 알게 되었다. 블로그나 카카오스토리, 인스타그램, 페이스북 등 각종 SNS 또한 개인 채널이나 다름없다. 나 또한 블로그를 한다. 블로그에다 여행, 먹는 것, 입는 것, 일상, 다이어트, 동기부여 글 등을 기록한다.

요즘은 오프라인에서 친구를 만나기가 힘들다. 바쁜 일상을 살기도 버겁기 때문에 친구가 없다. 오죽하면 하객 아르바이트 같은 것이 생겼을까? 가뜩이나 아이 육아에 힘들고 지쳤는데 남편도 퇴근을 늦게 하면, 힘들고 외롭기 마련이다. 세상이 흉흉하니 옆집이나 앞집과도 왕래가 없는 실정이다. 과거에는 나도 친구가 많았다. 그러나 지금은 친구가 없다. 평소 만나는 사람은 거래처 사람들이고, 다이어트 관련된 사람이다. 그 외에는 회사 동료와 지내는 시간이 태반이다. 친구가 많았던 시절, 친구들과 주로 당구장에 가고, 볼링치고, 술이나 퍼먹고 네가 잘났네, 내가 잘났네 하며 말도 안 되는 것으로 시끌벅적 놀았던 기억만 난다. 지금 생각해 보면 속 깊은 이야기를 한 기억이 없다. 우정이라고 생각했던 친구도, 진정으로 아꼈던 친구도 따지고 보면 결국은 남이다. 나의 불안한 미래를 온전히 책임져야 할 사람은 나 자신 외엔 없다.

세상은 이기적으로 살아야 한다. 과거에도 그랬고 지금도 그렇고 앞으로도 변함없다. 어떤 기회가 왔을 때, 나에게 도움이 될 것 같으면 물불 가리지 않고 해야 하고, 나에게 있어 마이너스가 된다면 절대 해서는 안된다. 직장을 다니는 이유가 회사를 위해라고 이야기하는 사람은 나를 이해하지 못한다. 오히려 나는 내가 있어야 회사도 있다고 생각한다. 그렇기 때문에 현장에서 위험한 일을 하는 사람은 본인의 건강을 챙겨야 한다. 다칠 경우 손해를 보는 건 결국 나뿐이다.

이기적이지만 회사를 다니는 동안에도 꾸준히 책을 읽고 보다 많은 사람을 만나면서 발을 넓혀야 한다. 왜냐하면 내 사업을 하면 만날 시간도 없고 책 읽을 기회도 없기 때문이다. 그리고 거래처 사람이나 회사 동료는 내가 회사를 그만둠과 동시에 연락할 일이 별로 없다. 그러나 이웃이나 같은 취미를 가지고 공감대를 갖고 함께 사는 사람들은 평생 인연으로 이어갈 수 있기 때문에 꾸준히 블로그 활동도 하고 각종 SNS도 해야 한다.

블로그, 유튜브, 인스타그램 활동을 하면서 소수는 엄청난 돈을 번다고 들었다. 돈이 되든 되지 않든, 해야 하는 이유가 있다. 내가 잃는 것보다 얻는 것이 더 많기 때문이다. 블로그만 하더라도 매일 글 쓰는 연습이 되고, 이웃과 소통할 수도 있다. 프레젠테이션 연습을 매일 하는 것과 같다.

하루는 24시간이다. 이건 누구에게나 똑같다. 돈이 많은 부자도 24시간이고, 가난한 사람도 24시간이다. 가진 돈은 사람마다 다르지만, 시간은 공평하게 주어진다. 그러나 같은 24시간임에도 불구하고, 어떤 이는 24시간만 쓰고, 어떤 이는 48시간을 쓴다. 밥을 먹으면서 가족과 대화를 한다고 치면, 밥 먹는 시간은 30분에 불과해도 가족과의 대화를 통해 1시간의 밀도를 가진 시간을 보낸 셈이다.

출근을 1시간 30분 동안 한 적이 있다. 출퇴근 시간을 합치면 3시간이다. 만약 영어 테이프를 그 시간에 들었다면 6시간을 추가로 쓴 셈이다. 친구가, 이웃이, 또는 그냥 아는 사람이 술이나 먹고 웃고 떠들자고 할 때도 진심을 다해 이기적으로 생각해야 한다. 웃고 떠드는 것이 문제가 아니라, 이런 현실을 마주했을 때 지금 상황에서 어떤 행동이 나를 성장시킬지 알아야 훗날 도움이 된다는 것이다.

3년 전만 하더라도 반지하방 월세에서 영원히 못 나오는 줄 알았다. 2년이 조금 지난 지금은 비록 임대 아파트지만 아파트에 살고 있다. 회사와도 가깝기 때문에 하루 3시간을 아낄 수 있었고, 그 3시간 동안 책도 읽고 글도 쓴다. 직장을 다니면서 불평불만은 다 늘어놓던 나에게도 평생 업으로 삼을 만한 직업이 생겼다. 직업을 꾸준히 누리면서 살다 보면 은퇴를 한 후 전문가가 되어 있을 수도 있다고 본다. 그래서 앞으로 10년을 지금처럼 설레고 행복한 일을 하면서 살아갈 생각이다. 사람은 좋든 싫든 100살을 살아가지만, 바꿔 말하면 100살밖에 못 산단 소리도 된다. 과거보다 오랜 기간 사는 것은 맞지만, 과거나 지금이나 또 앞으로나 사람은 태어나면 죽는다는 사실엔 변함이 없다.

몇 번이나 언급했지만 "호랑이는 죽으면 가죽을 남기고, 사람은 죽으면 이름을 남긴다."는 말이 있다. 진짜 그럴까? 서두에서도 말했시만, 회사를 그만두면 얼마 지나지 않아 거의 연락이 끊긴다. 오랜 기간 한솥밥을 먹었음에도 그렇다. 그런데 내가 죽었다고 가정했을 때, 나를 기억하는 사람은 얼마나 될까? 이 또한 많지 않을 것으로 본다. 기억을 하든 하지 않든, 죽은 사람이 뭐가 중요하겠는가? 하지만 내가 죽었을 때 많은 사람이 나를 기억해 준다면 편안하게 눈을 감을 것 같다.

누구의 엄마로, 누구의 아내로 살아가는 사람이 많다. 심지어 본인의 이름을 불러주는 사람도 많지 않은 삶을 살아가는 사람이 있다. 누군가가 이름을 불러주지 않는다면, 나 스스로 알리면 그만이다. 가정의 울타리 안에서 세상 밖으로 나오면 그만이다.

'누가 붙잡았나?'

'그저 세상이 무서워서 못 나오고 있는 건 아닌가?'

이런 생각을 반드시 했으면 좋겠다. 내가 직접 경험했다. 나는 세상을 무서워했고, 아파했다. 그러나 세상 밖으로 뛰쳐나온 것도 나 자신이었다. 그 덕분에 행복한 경험을 했고, 지금은 나의 가치를 알리면서 살아간다. 아픔이 있는 당신, 아파만 하지 말고 세상을 향해 한 걸음 내디뎠으면 좋겠다. 아무리 아파해도 아픔은 없어지기는커녕 더 심해졌다. 각자가 가지고 있는 브랜드를 보다 가치 있게 키우고 살면 명품 브랜드가 될 것이고, 지금처럼 세상이 무서워 평생을 뒤에서 숨어 살면, 아무도 알아주지 않는 시장표 브랜드가 될 것이 자명하다.

1인 기업이라고 해서 특별한 비법이나 방법을 이야기하는 것이 아니다. 몸으로 일해서 돈을 벌면 일이 된다. 하지만 머리를 써서 돈을 벌면 그때는 1인 기업이라고 한다.

나 같은 경우, 블로그를 하면서 사진을 올렸고 글을 썼다. 그리고 시간이 지나 경마장을 갔다. 한 2년쯤 해보니 슬슬 지겨웠고, 때마침 다이어트를 해야겠다고 마음먹었다. 243일간 다이어트를 하면서 30kg이라는 적지 않은 체중을 감량했다. 그러자 이곳저곳에서 블로그를 통해 나에게 접근을 했다. 만약 블로그를 하지 않았다면, 방송국 작가나 PD가 나를 어떻게 알고 연락했을까? 블로그가 없었다면 TV 방송에 출연하는 경험은 없었을 거라고 본다.

다이어트에 성공한 이후 다이어트 관련 일을 하면서 어떤 누구를 모델로 세우지 않았다. 나 자신이 실전 다이어트를 했기 때문에 자연스럽게 모델이 되었고, 나의 경험을 나누면서 수입도 생겼다. 블로그를 했다는 말은 인터넷을 했다는 말이 되고, 컴퓨터를 했다는 말이 되기 때문에 블로그와 비슷한 카페를 통해 '이호재'와 '있어와 함께' 등을 알렸다. 그 결과가 궁금하다면 네이버 검색창에 '있어와 함께'를 치거나 이호재 작가, 또는 이호재 에세이를 검색해보라. 수많은 이미지가 나올 것이다.

그렇게 바쁜 삶을 보내던 어느 날, 책 한 권을 출간하고 싶었다. 글쓰기를 배운 적도 없고, 학교 다닐 때도 공부와는 담을 쌓고 살았기 때문에 맞춤법도 몰랐지만, 내 브랜드의 위상을 높이기에는 안성맞춤이라 생각했다. 그냥 "이호재."보다는 "글 쓰는 작가 이호재입니다."라고 소개를 했을 때 더 멋있다는 생각이 들었다.

게임하고, TV 보고, 술 마시고 놀면 시간 가는 줄 모르고 재밌게 보낼 수 있다. 그러나 글을 쓰고, 다이어트하고, 현재의 나를 인정하는 건 힘들다. 다이어트하라고 하면 종일 먹는 생각만 할 테고, 글을 쓰라고 하면 글솜씨가 없다는 생각만 한다.

시간 때우기 위해 하는 일치고 가치를 올리는 일은 드물지만, 가치를 올리기 위해 시간을 쓰는 행동은 나의 브랜드이자 1인 기업의 가치를 올린다. 만약 내가 게임하고 TV나 보면서 시간을 때우고 살아갈 때 누군가가 와서 "책이나 한 권 쓰면서 살면 어떨까?" 하는 제안을 한다면 쉽게 대답하지 못할 것 같다. 왜냐하면 자존감이 땅바닥에 떨어져 있을 것 같기 때문이다.

내가 좋아하는 말 중 "내가 있기 때문에 세상도 있다."는 말이 있다. 이 말은 누가 들어도 정말 맞는 말이 아닌가 싶다. 당신이 세상과 이별하면, 아무리 당신을 사랑했던 사람이라 할지라도 며칠 지나면 밥 먹고 아무렇지 않게 살아간다. 그게 보통이다. 이런 일을 몇 번이나 경험해봤다. 아빠가 돌아가셨을 때, 그리고 할머니가 돌아가셨을 때 나는 울면서도 밥은 먹었다.

당신의 가치는 얼마입니까?
당신의 브랜드를 한마디로 어떻게 표현할 수 있습니까?

4.

부자는 행복할까?

어릴 때부터 5년 전쯤까지, 나의 꿈은 시종일관 부자였다. 헛된 꿈이라 생각한 적은 없었다. 반지하방에서 가난하게 살 때도 시간이 걸릴 뿐이지 언젠가는 부자가 될 수 있다고 생각했고, 부자가 되어야 여태 살아왔던 내 삶이 억울하지 않을 것 같았기 때문에 부자라는 꿈을 놓을 수 없었다. 그러다 자살에 실패한 후 깨달은 사실이 있다. 부자는 될 수 없어도, 잘하면 잘사는 사람으로는 살 가능성이 있다는 사실이었다.

부자는 돈이 많은 사람이지만, 잘 사는 사람은 행복하게 사는 사람이다. 가끔 TV에서 "너 내가 누군 줄 알아?"라고 말하며 갑질하는 장면이 나올 때, 난 이런 생각을 했다.

"저거 제정신이 아니네. 자기가 누구인지 왜 남한테 물어보는 거지? 본인이 본인을 모를 만큼 제정신이 아니구먼!"

주위에 돈 많은 사람은 한두 명씩 있다. 부자이면서 인성과 덕까지 갖춘 사람도 있을 것이고, 그냥 돈만 많은 사람, 또 돈은 많은데 불쌍한 사람이 있다.

연예인 커플 중 정혜영과 션 부부가 어느 방송에 나왔을 때 들은 이야기다. 지금은 물가가 올라서 1인당 기부액이 조금 늘었지만, 처음에는 1인당 35,000원을 기부했다고 한다. 아이를 출산하고, 더 많은 아이를 낳기 위해 큰집을 알아봤단다. 그리고 대출 비용으로 월 350만 원이 나갈 것이라 예상을 했다. 그때 정혜영은 큰집이 있으면 좋겠지만 어차피 쓸 돈, 350만 원을 100명의 천사를 위해 쓰자고 했다. 그렇게 100명, 200명, 300명, 400명의 천사를 돌봤고 지금도 아름답게 산다고 했다.

연예계 대표 기부왕이다. 이 부부는 부자일까? 대한민국에서 저 부부가 최고로 돈이 많은 사람일까? 일단은 돈을 일반인보다는 많이 벌기 때문에 엄청난 금액을 기부하는 건 맞다. 하지만 돈을 많이 벌면 누구나 다 기부를 할까? 선 부부의 마음이 있기에 가능한 실천이다. 어떤 이의 마음이 저 부부를 만들었을 것이다.

돈이 많은 사람 중에 불쌍한 사람이 참 많다. 땅콩 사건, 물컵 사건 등을 보면서, 나는 그들 일가족 모두가 불쌍한 사람이라 생각했다. 어떻게 보면 돈 많은 사람일수록 돈 걱정을 더 하는 것 같다. 돈이 많으면 존경을 받고 사는 줄 알았다. 하지만 이번 사건을 보고 돈보다 욕을 더 많이 먹는 것 같아서 불쌍하다 여겼다.

얼마 전 인터넷에 따뜻한 글이 올라왔다. 쌍둥이를 임신하고 있던 시절 남편이 음주 뺑소니차에 치어 숨지고 두 아이를 키우면서 사는 여성의 이야기였다. 아이들 검진 때문에 병원을 찾은 그녀는 집으로 가기 위해 버스를 기다리고 있었다. 그때 50대로 보이는 중년 부부가 조심스럽게 5만 원짜리 1장을 건네면서 "편안하게 택시를 타고 가는 것이 어떻겠느냐?" 하고 말을 건넸다는 기사였는데, 수만 건의 댓글이 달렸다. 전부 그 중년 부부의 따뜻함을 칭찬하는 글이었다.

사람의 얼굴이 제각각인 것처럼 인성과 성격 또한 제각각이다. 나는 대기업 일가보다 50대 중년 부부의 따뜻함이 더 값지다고 생각한다. 또 그런 사람이 더 많기 때문에 아직은 세상이 더 살만하다고 여기는 것 같다. 나는 마음이 부자도 아니고, 그렇다고 물질적인 부자도 아니다. 평범한 사람들과 어깨를 나란히 할 만큼의 여유도 없다. 선 부부는 마음의 여유를 가지고 남을 돕는 것이 그들의 행복이라고 말한다. 지금은 물질도 없고, 마음의 여유도 없지만 참 닮고 싶은 부부다.

과거에는 돈 많은 사람을 닮고 싶었다. 돈 많은 사람이 여유가 있어 보였고, 그들이 멋지다 생각했기 때문이다. 지금도 돈을 많이 준다면 마다하지는 않겠다. 세상에 돈 싫어하는 사람이 어디 있겠는가? 하지만 나에게 많은 돈을 줄 사람이 없다는 걸 안다.

나는 나 자신을 잘 알기 때문에 부자를 포기한 것이다.

반대로 잘 사는 사람으로 살기 위해선 마음의 여유를 가지고, 50대 중년 부부가 했던 행동을 본받고 살아가면 되지 않을까? 그러면 나도 언젠간 나보다 더 어려운 이웃을 위해 봉사하는 것이 나의 행복이라 여기면서 살지 않을까 한다.

가만히 생각해보면 부자를 부러워할 필요가 없다. 부자였으면 좋겠지만, 부자가 아닌 내가 그들과 다른 삶을 살고 있지는 않은 것 같다. 그들도 나도 하루 세 끼를 먹으면서 살아간다. 부자라고 해서 하루 열 끼 먹는 것이 아니다. 그들도 우리처럼 하루 세 끼를 먹고 살아간다.

부자라고 해서 그들이 비싼 것만 먹고 다닐까? 가끔은 비싼 것도 먹고 다니겠지만, 그들도 우리가 먹는 그런 음식을 먹고 산다. 부자는 돈이 많으니 고급 외제차를 타고 다니겠지만, 요즘 세상에 차 없는 사람이 얼마나 될까? 물론 나는 내 차가 없다. 하지만 나도 회사 차를 타고 다니니 일단 차량을 이용할 수 있다. 부자의 차는 부산 가는데 1시간 걸릴까? 소형차를 타도 외제차와 걸리는 시간은 같다.

부자는 대궐 같은 곳에서 잠을 자겠지만, 우리라고 길바닥에서 자는 건 아니다. 부자의 하루가 24시간이라면 가난한 나의 하루도 24간이다. 부자라면 값비싼 옷을 입고 다닐 것이다. 그러나 나도 옷은 입고 다닌다.

부자는 어떤 취미를 가지고 있을까? 돈이 많은 사람들이니 엄청나게 비싼 취미를 가지고 있을까? 워런 버핏의 취미는 '우쿨렐레' 연주다. 듣는 사람은 불행해질 수 있겠지만, 당사자인 워런 버핏은 우쿨렐레를 연주할 때 행복하다고 한다. 가난하지만 나도 취미가 있다. 워런 버핏이 우쿨렐레를 연주할 때 얼마나 행복한지는 모르겠지만, 나도 지금처럼 글을 쓰고 있을 때면 세상이 내 것인 양 행복하다. 게다가 글 쓰는 것에는 돈이 들지 않는다. 그저 낡은 노트북 하나만 있으면, 발길 닿는 곳에서 쓰고 싶을 때 쓰면 그곳이 내 서재인 셈이다.

부자는 고민을 하지 않을까? 내가 돈 걱정하고 살고, 가족 걱정하며 살고, 아이 걱정하고 살듯 그들도 눈 떠서 눈 감을 때까지 고민하면서 산다. 나보다 그들이 걱정을 하면 더 했지, 덜하지는 않는다. 종업원이 돈 걱정 더 할까, 사장이 더 할까? 그럼 부자는 200살까지 살까? 그들도 대부분 우리와 같은 시간을 보낸 뒤에 죽는다.

대한민국 최고의 기업 삼성전자 이재용 부회장은 행복할까? 내가 보기엔 내가 더 행복하다고 자부한다. 난 하루 9시간만 일하면 나머지 시간은 온전히 내 시간이지만, 이재용 부회장도 그러할까? 적어도 난 감옥은 가지 않았다. 대한민국 대기업 총수 중에 감옥에 안 간 사람이 몇이나 될까? 대기업 총수의 삶이 멋지게 보일 수도 있다. 하지만 그들도 우리의 평범한 삶을 부러워하지 않을까? 생각해 본다.

부자이기 이전에 마음에 여유가 있으면 좋겠다. 그러기 위해선 우선 고민이 없어야 하고, 고민을 안 하려면 무언가를 해야 한다. 그 무엇이 가슴 설레는 일이라면 좋겠다.

"상상하면 삶이 고달파진다."

영화 '올드보이'에 이런 대사가 나온다. 상상만 하면 고달파지겠지만, 상상을 행동으로 옮기면 아픔이 없어지고 웃음이 난다. 그것이 행복이다.

글에서 자꾸 부자를 언급하니 이런 말을 하는 사람도 있을 것이다.

"난 부자를 바라는 게 아니야. 그냥 남들처럼 평범하게…."

그게 바로 부자라고 말하고 싶다. 사람의 욕심에 끝이 있을까? 월급 200만 원 받던 사람은 월급이 올랐으면 좋겠다고 말하지만, 막상 월급이 230만 원으로 대폭 올라도 처음 두세 달만 좋아하지 시간이 지나면 또 월급이 적다고 생각하게 된다. 그것이 사람이다.

갑질 행위로 비난을 받은 집안처럼 욕먹고 살아가고 있지는 않으니, 우리들은 적어도 그들보다 마음이 따뜻한 마음 부자다. 그런 마음으로 감사하며 하루하루 살아간다면, 언젠가는 션 부부처럼 가진 것에 감사하고, 50대 중년 부부처럼 따뜻한 마음을 남에게 베풀 수 있을 것이다. 그들처럼 여유 있는 삶을 행복하게 살아간다면, 그것이 잘 사는 인생 아닐까 한다.

나 또한 그러기 위해 이렇게 글을 쓴다. 글 쓴다고 돈이 되는 것이 아님을 안다. 블로그를 한다고 해서 돈이 되는 것도 아니다. 그러나 한 가지 말하고 싶은 건, 글을 안 쓰고 블로그를 안 해도 돈이 안 되기는 마찬가지라는 것이다. 어차피 돈이 안 된다면 하고 안 하는 것이 낫지 않냐고 말할 수도 있다. 하지만 글 쓰면 흔적이 남고, 블로그를 쓰면 기록이 남으니까 웬만하면 뭐라도 했으면 좋겠다.

푸른 밤 제주도 우도에서 아내와 사계절을 보내고 나를 찾아오는 손님과 과거의 힘든 삶을 이야기하면서 사는 날을 꿈꾼다.

만약 오늘을 열심히 살지 않는다면 10년 후 54세가 되었을 때 어떻게 될까? 직장에서 쫓겨난 무능한 아빠가 되어 자식 눈치 보고, 무능한 남편 되어 아내 눈치 보며, 돈 걱정을 있는 대로 하며 살 것 같다. 취업하고자 남이 하지 않는 일에 지원해 면접을 보고 일하게 되더라도 최저시급조차 못 받으며 살아간다면, 남은 46년이 불행할 것이다.

지금 힘들면 미래는 웃을 수 있고, 지금 웃으면 미래에 힘들 수 있다. 그래서 "언제 고생할래?"라며 신이 고르라고 한다면, 난 오늘을 고르겠다. 직장 다닐 때 최대한 많은 에너지를 쏟아야 한다. 배우고 싶은 것을 배우고, 도전하고 싶은 것에 도전하면서 이것도 하고 저것도 해야 밝은 미래를 볼 수 있다. 여행도 젊었을 때 해야 걸을 수 있고 맛있는 음식을 먹어도 치아가 좋아야 맛있게 먹을 수 있듯이, 직장 다니면서 틈틈이 여행도 가고, 맛있는 음식도 먹으며 기록한다면 인생 2막을 살 때 많은 도움이 된다.

치킨집을 하더라도 회사에서 그만두고 하는 것보다 지금부터 각종 치킨을 먹어도 보고, 시간이 날 때 아르바이트를 해보는 게 더 좋다. 아무래도 경험이 많아지기 때문에 훗날 얻을 직업이 더 단단해진다.

무엇이 되었든 한 가지 일을 10년 동안 하면 전문가가 된다고 한다. 부디 전문가가 되어서 자신의 가치를 전하고, 행복을 나눠 부자보다 더 잘사는 사람이 되기를 응원한다.

5.

겁날 것도 없고, 거칠 것도 없다

경험에는 세 가지 종류가 있다. 좋은 경험과 나쁜 경험, 그리고 그저 그런 경험. 좋은 경험과 그저 그런 경험은 문제 될 게 없다. 문제는 나쁜 경험이다. 사람을 의기소침하게 만들고 분노 혹은 짜증을 일으킨다. 이것이 쌓이게 되면 의욕 상실과 무기력을 유발해, 심하면 두려움이 되고 더 나아가 트라우마까지 생긴다.

뚱뚱하지만 다이어트를 쉽게 하지 못하는 이유는, 애시당초 잘못된 다이어트를 했기 때문이다. 다이어트를 하면 무슨 운동이나 닭가슴살을 제일 먼저 꺼내 든다. 상식적으로 생각해도 운동을 하면 배고파지고, 운동은 힘들기 때문에 오랜 기간 유지하기 어려워 작심삼일하고 만다. 소금을 치지 않고 닭가슴살을 먹으며 다이어트를 할 경우, 맛도 없고 끊임없이 맛있는 음식을 먹고 싶다 생각하기 때문에 이 역시 오래가지 못한다. 처음 얼마간은 5kg 감량도 하고, 10kg 감량도 하겠지만, 결국 힘들어서 다이어트를 포기하게 된다. 그 후 다시 요요가 오면 상상만으로도 힘들다는 생각에 뚱뚱해도 쉽사리 다이어트를 못하게 된다.

사람은 경험으로 성장한다. 선택과 판단의 기로에 섰을 때 기준이 되는 것이 바로 경험이다. 등산을 예로 들어보면 '지난번에 저 길로 올라갔다가 힘들어 죽을 뻔했지. 이번엔 이쪽 길로 가보자!'라며 등산로를 선택하는 걸 들 수 있다.

　앞으로 일어날 일은 누구도 장담할 수 없다. 자기도 모르게 험한 길을 선택했고, 힘들게 고생했다. 그러나 '나쁜 경험'을 했다는 이유만으로 등산을 하지 않겠다고 생각하는 것은 어리석은 것이다.

　'저 길은 너무 험해. 초보자가 오르기엔 무리야.'

　나쁜 경험을 통해 적어도 명백한 사실 하나는 알 수 있게 된다. 경험을 통해 배웠고, 덕분에 같은 실수를 피할 수 있다. 이런 걸 두고 '성장'이라 말한다.

　제일 바보 같은 사람이 누구일까?

　"거 봐라. 쯧쯧. 산에 가면 고생이라니까!"

　방구석에 처박혀 꼼짝도 하지 않으면서, 남들의 도전과 성패를 비웃기만 하는 사람이다.

　본인이 다이어트에 실패했다고 다른 방법과 실패한 원인을 찾지도 않은 채 묵묵히 자기 길 걷겠다는 사람의 의욕을 떨어지게 하는 것은, 남 잘되는 걸 원치 않기 때문이다. 그런 사람들의 말은 무시해버리고 내 경험을 성장의 기회로 삼아야 한다.

　내가 글쓰기를 시작했을 때 "무슨 글이냐?", "네가 쓴 책을 누가 읽냐?"며 비아냥거린 사람도 제법 있었다. 책이 출간되었을 때, "맞춤법이 틀렸는데도 책이 되냐?", "대한민국에서는 아무나 작가가 되는구나."라고 한 사람도 있었다. 아니, 작가가 글 쓰면 작가지, 작가 자격증이라도 따로 있나? 책을 낸 모든 사람을 작가라 말하기는 어렵지만, 매일 글 쓰고 책 읽는 사람은 출간 여부를 떠나 작가라고 할 수 있다.

　책을 써서 돈을 벌겠다고 생각해 본 적은 없다. 글쓰기를 통해 나 자신을 되돌아보고 현재 내 위치를 알고 싶어서 매일 글을 썼고, 그 글을 바탕으로 책을 썼다. 만약 책을 출간해서 돈을 벌겠다고 생각했다면, 그것은 글쓰기가 아니라 일이 되었을 것이다.

8년 전, 지금 다니는 회사에 출근할 땐 지옥으로 걸어가는 심정이었고, 다이어트로 25kg 정도 감량하고 근육이 처지는 걸 방지하기 위해 헬스를 할 때도 지옥으로 가는 심정이었다. 내가 원하는 것을 했지만, 재미와 행복보다는 고통이 더 컸다. 살아가면서 내가 하는 모든 행동은 경험이 되고, 어떻게 해석하느냐에 따라 나쁜 경험이라 할 수도 있고, 좋은 경험이라 생각하고 받아들일 수도 있다.

글을 써서 책이 되고, 만약 돈까지 벌 수 있다면 금상첨화겠지만, 돈이 안 된다고 해서 굳이 좌절할 필요도 없다.

대다수의 직장인이라면 직장에서 직업을 구하지 못한 채 회사 문밖을 나설 때를 생각해봤을 것이다. 나 또한 상상해봤다. 시원섭섭한 마음으로 처음 두 달쯤은 나름대로 잘 보낼 것 같았고, 그 후 퇴직금의 잔액이 줄어듦과 동시에 초조한 마음이 들 것 같았다. 초등학교에 다니던 시절, 콩나물시루처럼 한 반에 60명이 넘었고 중·고등학교나 대학도 그 많은 친구와 경쟁하면서 가던 시절이었다. 이런 친구들과 은퇴하는 시점도 같기 때문에, 치열한 경쟁을 한 번 더 해야 한다고 생각했다. 최저시급을 받기 위해 젊은 친구들이 마다하는 일에 매달려도 쉽게 직장을 구할 수 없는 현실에 자존감 또한 바닥으로 떨어질 것 같았다. 학교 다닐 때도 경쟁에서 뒤처졌는데, 아무런 계획 없이 살아간다면 또다시 뒤처질 것이 분명했다.

그래도 다른 친구들보다 10년 먼저 준비한다면, 해볼 만하다고 판단했다.

모든 감정은 마음에서 나온다. 출근길에 시비가 붙어 종일 기분 나쁜 적이 있었다. 일하면서도 종종 그 기억이 떠올라 얼굴이 붉게 상기되어 일이 손에 잡히지도 않았고, 밥 먹을 때도 무슨 맛인지 모른 채 먹었다. 처음 보는 사람과 사소한 시비 끝에 나는 종일 기분 나빴는데 상대방은 아무렇지도 않다는 듯 하루를 보냈다면, 아마도 더 억울했을 것이다. '그냥' 사람의 얼굴이 다르듯 성격도 다르다는 것을 인정하고 내 할 일 하면서 살면 마음의 평안이 생긴다. 그 결과 나의 그릇이 더 넓어진다고 믿는다면 스트레스가 줄기 때문에 더 건강하게 살 수 있다.

살아온 세월이 적지 않다. 겁날 것도 없고, 거칠 것도 없다. 뚱뚱했기 때문에 다이어트를 했을 뿐이고, 마음먹었기 때문에 과식하지 않고 살았다. 태어나서 처음 글을 쓸 때도 남의 시선 따위는 두려워하지 않았다. 두려웠던 건 다가올 미래뿐이었다.

간절한 마음은 사람을 변화시킨다. 담배를 못 끊는다고 하는 사람이 폐암 초기라는 진단을 받았다면, 정말 끊지 못할까? 알코올 중독이라고 말하는 사람에게 뇌출혈이 생겼을 때, 그 사람은 정말 끊지 못할까? 감옥에 가면 담배와 술을 할 수 없다. 감옥에 있는 사람들은 금주와 금연을 한 것이 아니라 어쩔 수 없이 참았을 뿐이다. 왜냐하면 애초부터 끊을 마음이 없었기 때문이다. 그러나 진짜 간절한 마음으로 금연한 사람을 보면, 서서히 끊은 사람을 본 적 없다. 어떻게 끊게 되었냐고 물어보면 "끊고 싶은 마음이 생겼고, 단번에 딱 끊었다."라고 답한다.

미래를 어떻게 살고 싶은지 스스로에게 물어봤으면 한다. 불행하고 초조하며 당장 먹고사는 걱정을 하면서 살고 싶다고 하는 사람은 단 한 명도 없다고 본다. 그런데 미래에 닥쳐올 현실도 그러할까? 자식은 쳐다보지 않을 것이며, 나이를 먹었기 때문에 몸 여기저기가 아플 것이고, 정부에서 주는 몇 푼 안 되는 돈으로 생명을 연명할지도 모른다.

그러나 지금이라도 현실을 직시하고 미리 준비한다면 원하는 꿈을 이룰 수 있다고 본다. 44년 동안 지지리도 가난하게 살았고, 잠 못 자면서 일만 했다. 앞으로 10년 또한 고생하라면 할 수 있고, 힘들게 살라고 하면 살 수 있다. 그러나 가뜩이나 늙어 몸이 아플 때까지 고생할 마음은 없다. 힘들게 살 생각은 더더욱 없다.

다이어트하기 전, '지금 다이어트를 하지 않는다면 10년 후 나의 체중은 얼마가 될까?'라는 생각을 했다. 분명 찌면 더 찌지, 빠질 것이라는 생각은 들지 않았다. 미래도 마찬가지라고 생각했다. 행복하게 살고 싶다고 말만 했지, 구체적으로 무엇을 해야 행복해질 수 있는지도 몰랐다. 꿈도 없으니 하고 싶은 것도 없었고, 하고 싶은 것이 없으니 자연스럽게 무기력증에 빠졌다.

유튜브가 유행을 넘어 이제 대세다. 어느 날 유튜브 방송을 보다가 '나도 한번 해볼까?'라는 생각했지만, 카메라에 대고 말하는 내 모습이 진짜 어색했다. 생각 없이 유튜브 방송을 볼 때 몰랐지만, 막상 해보니 보통 일이 아니었다. 영상을 찍어야 하고, 말도 막힘없이 해야 하며, 편집과 자막도 넣어야 하니 꽤 많은 시간이 걸렸다. 돈을 목적으로 한다면 절대 못할 일이다. 왜냐하면 한두 번 영상 올렸다고 해서 구독자가 생기는 것이 아니고, 그 경우 돈이 되지 않기 때문이다. 그러나 유튜브에 영상을 올리는 과정에서 이왕 하는 거 말 잘하고 싶다는 생각에 연습했고, 편집하는 방법도 몰라서 배웠다.

어릴 땐 공부가 정말 싫었다. 그런데 지금은 공부만큼 재미있는 아이템은 없다고 본다. 하면 할수록 어려운 게 공부고, 죽는 날까지 끝나지 않는 게 공부다.

어떤 분야에서 10년을 일하면 전문가가 된다고 한다. 직장에 다니는 10년 동안 오직 자신의 인생 2막에 대해 고민하고 연구하며 행동한다면, 적어도 당신은 당신 인생에 있어 전문가라고 할 수 있다. 한 번밖에 없는 인생, 두려울 게 무엇이 있나? 삶이 거칠다 해도 당신이 그동안 살아오면서 잊어버렸던 경험을 일깨우면 다 헤쳐갈 수 있다. 태어나 아무것도 못하던 딩신은 기고 걷는 것을 배웠으며, 심지어 일어나 뛰는 법도 스스로 배웠다. 그런 당신이 삶의 무게에 짓눌려 무기력하게 살아간다면, 미래는 지금보다 더 무거운 짐을 줄 뿐이다.

6.
그까짓 거? 대충!

생각 없이 살면서 남과 비교를 했다. 비교했더니 나 자신이 초라했고, 가난한 나 자신이 싫어 삶이 우울했다. 못난 나 자신을 탓하고 가족에게 죄책감이 들었다. 인생 다이어트를 했을 때, 무기력하고 우울증에 빠져 자책하는 내 모습이 진심으로 싫었다. 우연히 회사 동료들과 경마장에 다녀오면서 꽤나 괜찮은 곳이라 생각했다. 목이 쉬도록 소리 지르고 욕해도 누구 하나 쳐다보는 이 없고, 뭐라고 하는 사람 없었다. 경마를 스포츠라 생각하는 나지만, 이 글을 읽는 사람은 도박으로 생각할 수 있다. 일정 부분은 맞는 말이고, 경마를 권하는 게 결코 아니라는 사실을 말해둔다. 그저 내가 어두운 반지하방에서 벗어날 수 있는 계기가 되어 준 곳이 경마장이었다는 걸 말하고 싶을 뿐이다. 나는 그곳에서 꽤 만족스러운 취미생활을 했다.

서두에도 여러 번 등장한 경마장을 계속해서 거론하는 데는 그럴만한 이유가 있다. 다이어트를 했고 30kg을 감량했다. 나를 아는 사람 모두가 대단하다고 말했다. 책도 안 읽고 맞춤법도 모르는 내가 책을 출간할 때도 나를 아는 사람 모두가 축하해주었다. 반지하방에서 34평 아파트로 옮기기까지 내가 해온 노력을 아는 사람은 세상에 너 같은 사람도 없다며 칭찬을 해줬다.

이렇듯 7년 전 삶과 지금의 삶을 비교하면 나 자신도 놀라울 정도로 변했다. 그런데 내가 처음 경마장에 다닌다고 말을 꺼냈을 때, 나를 아는 사람들은 뭐라고 했을까?

미쳤다고 했다.

사람은 본인이 얼마나 대단하고 놀라운 능력을 가지고 있는지 모르고 사는 것 같다. 그것이 안타깝다. 이 글을 쓰고 있는 나 또한 오늘 하고 싶은 것을 하고 사는 나 자신을 발견할 때마다 놀란다. 만약 7년 전에 내가 이런 삶을 살 줄 알았더라면 그 많은 눈물을 흘리며 자살이란 극단적인 생각은 않았을 거고, 시련과 역경의 시간을 훨씬 더 편안하게 받아들였을 것이라 생각한다.

우울증은 심각한 병이다. 거기에 본인 탓을 하는 건 더 위험한 일이다. '나 하나 없어지면 되겠지?' 이러한 마음이 쌓여 자살이란 극단적인 선택으로 이어진다. 우울증에 걸린 사람이 가장 먼저 해야 하는 어려운 일은, 우울이란 세상에서 빠져나오는 것이다. 그 세상에서 벗어나야 우울증을 벗어던질 수 있다.

다이어트보다, 글쓰기보다 더 자랑스러운 게 바로 경마장에 간 선택이라고 나는 단언한다. 만약 경마장을 가지 않았다면 다이어트도 하지 않았을 것이고, 글쓰기 대신 유서를 썼을지도 모른다. 다른 곳에선 경마장처럼 한 공간에 무수히 많은 사람이 모여 있는 것을 보기 힘들다.

경마장 안에는 별의별 사람이 공존한다. 부자도 있고 가난뱅이도 있다. 대학교수도 있고 백수도 있다. 하지만 경마장에서만큼은 서열이 없다. 경마장에선 오직 경마를 잘하는 사람이 대단하고 훌륭한 분이 된다. 배웠든 배우지 못했든 상관없다. 돈이 많고 적은 건 더 상관없다. 경마를 잘하면 사레에 걸려 기침만 해도 물이 나오고, 밥 먹을 시간이 되면 밥 사준다고 난리다. 경마만 잘하면 내가 어떠한 직업을 가지고 있어도 괜찮고 반지하방에 살고 있어도 문제가 없다. 밖에서는 다가가기 힘든 사람들도 그곳에선 경마 하나 잘한다는 이유로 왕 대접을 해준다.

세상에 어려운 공부는 많다. 수학도 어렵고 영어도 어렵지만, 경마만큼 어렵지는 않다고 본다. 왜냐하면 수학 잘하고 영어 잘하는 사람도 경마만 하면 진다. 그도 그럴 것이 수학과 영어에는 정답이 있지만, 살아 있는 경주마에게는 정답이 없기 때문이다. 그 어려운 경마 공부를 결심하고 난 뒤, 세상 어떤 것도 마음만 먹으면 할 수 있다는 자신감을 얻었다. 경마 공부를 시작하고 경주마 1,700마리에 대한 것만 다 외우면 될 것이라는 착각을 했다. '그까짓 거 대충 하다 보면 언젠간 남들보다는 경마를 잘하겠지!'라는 생각도 했다. 우울증에 걸린 사람의 특징은, 무언가를 시작하는 걸 두려워한다는 것이다. 자존감이 낮기 때문에 무엇을 해도 나는 안 될 것이라 생각하고, 일이 잘 안 풀렸을 때 패배감에 물들지 않을까 하는 불안한 마음이 있기 때문이다. 비록 경마지만 나는 스스로 공부하고 싶다는 동기를 부여할 수 있었다. 그리고 삶의 구렁텅이에서 빠져나오기 시작했다.

여전히 잘하는 게 없다. 하지만 뭐든지 간에 대충 따라 할 수는 있다. 하고 싶으면 망설임 없이 한다. 일단 해보고 나와 맞지 않으면 안 하면 되고, 흥미가 있다면 꾸준히 하면 된다는 마음으로 한다.

과거에도 핸드폰은 비쌌지만, 요즘 웬만한 핸드폰은 가격이 100만 원을 훌쩍 넘는다. 처음 샀을 때는 이것저것 만져보다가 나이도 있고 하니 게임이나 사진, 그리고 통화나 카톡 정도만 사용했다. 그 외에도 인터넷으로 검색하는 정도가 다였다. 그러다 어느 순간부터 유튜브가 대세가 되면서 나 또한 자연스럽게 그것을 보게 됐다. 요즘 아이들의 꿈이 '유튜버'라고 한다. 인기 유튜버들은 수억 원을 벌고, 인기도 연예인 못지않으니 아이들 입장에서는 그럴 수 있다.

그런데 어떤 이는 핸드폰으로 유튜브 방송을 하고 어떤 이는 시청만 한다. 법으로 누구는 하고, 누구는 하지 말라고 규정하지 않았다. 그래서 어느 날 문득 '나도 한번 해볼까?' 하는 생각이 들었다. 유튜브에 영상을 올리려면 우선 영상을 찍어야 하고, 편집할 것이 있으면 해야 하며, 자막 넣을 부분이 있으면 넣으면 된다. 그런데 편집과 자막을 어떻게 넣는지 몰랐다. 하는 수 없이 무편집, 무자막으로 '원 컷' 촬영을 했다. 선 시작, 후 공부였다.

머리가 좋은 편은 아니기 때문에 공부를 해도 남들보다 시간이 더 걸린다. 공부에 끝은 없고, 공부하는 기간 내내 내가 무언가를 하고 있다는 사실에 우울할 틈도 없었다. 경마하면서 남 눈치 안 보는 실습을 자연스럽게 할 수 있었다. 내가 얼마를 배팅하든, 또 어떤 마필을 선택하든 오직 내 마음이었고, 응원할 때는 진심을 다해 목청 높여 소리를 질렀으며, 심지어 욕도 했다. 그래서인지는 몰라도 유튜브 방송이 엉망이라도 상관없다고 여겼다. 보통 유튜브에 영상을 올리는 사람들은 정성을 다해 영상을 찍고 편집해서 올린다. 만약 노력에 비해 조회 수가 적고, 구독자 수가 늘지 않으면 크게 실망할 테지만, 어차피 나는 노력한 것이 없기 때문에 기대 자체를 하지 않았다. 그럼에도 올릴 때마다 영상이 점점 깔끔해진다는 사실을 알았고, 그만큼 성장한다고 느꼈다. 만약 사람이 처음부터 잘하고자 하는 마음이 크면 두려움 때문에 시작도 못하거나 시작했어도 오래 못한다.

성공만 보면 성공할 수 없다. 왜냐하면 본인이 스스로의 능력을 잘 알기 때문에 그렇다.

"다이어트에 도전해볼까?"

이 말 자체가 본인이 성공하지 못한다는 걸 인정하는 말이다. 다이어트는 도전이 아니라 건강하게 먹고사는 삶을 말하기 때문이다. 뚱뚱한 사람은 뚱뚱한 삶을 살았기 때문인 것을 누구보다 잘 알면서, 건강한 삶을 도전이라고 하는 것 자체가 모순이다. 우울한 사람은 우울한 삶을 살고, 가난한 사람은 가난한 삶을 사는 것처럼, 내가 지금 살아가는 삶이 나의 삶이기 때문에 변화하지 않으면 그 삶에서 나오기 어렵다.

처음 운전할 때는 초보였기 때문에 진땀을 흘리며 운전을 한 기억이 지금도 생생하다. 서툰 운전 실력이었지만 크게 신경 쓰지 않았고, 운전할 일이 있으면 운전을 잘하든 못하든 일단 운전대를 잡았기 때문에 오늘의 운전 실력이 있는 것이다. 그처럼 뭐든 처음 하는 것은 서툴고 어색한 게 당연하다고 여겨야 한다. 몰라서 못하는 것은 어쩔 수 없지만, 못한다고 해서 안 하면 그에 합당한 인생을 살게 된다. 그러니 무엇이든 시작했다면 꾸준히, 자주 하도록 하자. 그것이 삶을 바꿀 수 있는 중요한 팁이라면 팁이라 할 수 있기 때문이다.

남들과 비교하면서 살았을 당시, 인생이 피곤하고 힘들었다. 또 그런 삶이 당연했음에도 괜히 죄 없는 세상을 원망하고 가족을 힘들게 했다. 이런 경험이 있기 때문에 쉽게 우울증에서 벗어나지 못하는 사람의 심정을 누구보다 잘 알고 있다. 그리고 쉽게 빠져나오는 방법도 누구보다 잘 알고 있다. 아주 작은 것, 그게 무엇이든 간에 그까짓 거 대충 시작하기만 하면 우울한 삶의 구렁텅이에서 벗어날 수 있다. 이건 내가 직접 경험했고, 그 덕분에 '대충 전도사'가 되어 어렵게 생각하지 말고 '그냥' 하라고 떠들면서 살아가고 있다. 뚱뚱해서 고민이면 다이어트를 하면 되고, 돈 때문에 걱정이라면 아껴 쓰거나 더 벌면 된다.

앞으로 10년이나 20년이 지났을 때, 나에게 밝은 미래가 보장되어 있을까? 그렇지 않다. 그래서 여러 경험을 통해 나를 성장시키고 있다. 5년 전부터 무수히 많은 경험을 했고, 분명히 말하지만 나쁜 경험은 없었다. 다정 아카데미를 하면서 돈을 천만 원이나 썼지만 강연을 해봤고, 심리 상담사 자격증도 땄으며, 스피치 공부도 했다.

한때는 돈이 전부인 줄 알았다. 물론 지금도 돈은 어느 정도 있어야 사람 구실을 하고, 보다 편안한 삶을 살 수 있다고 생각한다. 하지만 전부는 아니라고 말하고 싶다. 선한 마음을 담아 경험하고, 그 경험을 나누면서 살아간다면 돈은 자연스럽게 생긴다고 믿는다. 돈은 물고기 같아서 잡으려고 다가서면 도망가지만, 묵묵히 내 할 일 하면서 물고기가 오게끔 만들면 돈도 자연히 오게 된다. 돈이 전부는 아니라는 걸 깨닫고 욕심 없이 살아가는 인생이 잘 사는 인생이 아닐까 싶다.

스무 살 시절, 25년 후인 지금 내 모습이 이럴 줄 몰랐고, 45세가 되는 건 아주 먼 일이라고 여겼다.

지금부터 25년이 흐른 뒤, 내 입에서는 어떤 말이 나올까? 후회로 가득한 말을 한다면 인생을 헛산 것일 테고, "잘했다."는 말이 나온다면 "그까짓 거 대충 시작하면 되지."라고 입버릇처럼 말했던 게 정답이었단 소리일 것이다.

그러니, 두렵다면 그까짓 거 대충 시작해 보자.

7.

지금 하지 않으면, 행복할까?

    지금의 삶이 마음에 안 들거나 미래가 불안할 때 두 손 놓고 있어야 할까? 이성적으로 생각하면 절대 아니라고 말하겠지만, 현실적으론 쉽사리 행동하기가 어려운 게 사실이다. 지금도 먹고살기 힘든 사람이 나이를 먹는다고 해서 지금보다 삶이 나아진다는 기대를 하는 것에는 무리가 있다는 것이다.

    몸이 뚱뚱해서 다이어트는 하고 싶어 하지만, 본인이 원하는 체중까지 감량하는 사람을 본 적은 거의 없다. 불안한 미래를 위해 무거운 질문을 했을 때 나와 공감하는 사람을 많이 봤지만, 정작 지금 당장 미래를 대비하며 행동하는 사람도 본 적이 없다. 내가 책을 출간했을 때 축하해주는 사람에게 "당신도 책 한 권 출간하는 게 어떠냐."라는 질문을 하자 "마음은 있지만 용기가 없다."는 사람이 있었다. 기꺼이 도움을 주겠다고 했지만, 역시 행동하는 사람은 없었다.

    다이어트를 시작했을 때, 솔직히 힘들거나 배고픔은 없었다. 단지 상황에 따라 오늘은 피자가 먹고 싶었고, 치킨이 먹고 싶다는 생각은 들었을 뿐이다. 그럼에도 쉽사리 먹을 수가 없었던 건, 먹는 시간 20분 행복해지자고 23시간 40분을 망칠 수 없었기 때문이다. 다이어트를 행동으로 옮겼던 가장 큰 이유는 행복 때문이었다. 다이어트를 하지 않아도 행복할 것 같지는 않았지만, 다이어트를 통해 원하는 체중까지 감량한다면 그땐 진심으로 행복할 것 같았던 것이다. 그래서 뒤도 안 돌아보고 행동했다.

책을 쓸 때도 마찬가지였다. 일단 글을 써야 원고가 완성될 테고, 원고가 완성되어야 출판사의 선택을 받을 수 있다고 생각했다. 책을 출간하기 위해서는 글을 잘 쓰든 못 쓰든, 일단 글쓰기부터 시작해야 한다는 것이 팩트였다.

평소 일기도 써본 적 없었고, 책 한 권 읽어본 적 없었기 때문에 엉망도 이런 엉망이 없었다. 내가 쓴 글이지만 무슨 말을 하려고 하는지도 몰랐고, 글은 처음 내가 의도한 것과 다르게 산으로 가고 있었다. 매일 쓰고 읽으면서 과연 이 글이 책이 될 수는 있을지 의심도 들었고, 자신감도 떨어져 포기할까 생각도 했다. 그러던 어느 날, 이 모든 것이 글솜씨의 문제도 아니고, 자신감의 문제도 아닌, 나의 욕심 때문이라는 것을 알았다.

분명 처음 글쓰기를 시작할 때는 책을 만드는 것이 아니라 책을 만들 만큼의 분량을 만들자는 것이었음에도, 나도 모르는 사이 욕심이 생겨 다른 작가의 글과 내 글을 비교했던 것이다. 초보 작가도 아닌 이제 막 글쓰기에 입문한 사람의 글이 산으로 가고 엉망인 건 당연함에도, 불행했던 시절의 나쁜 습관이 또다시 슬그머니 기어 나와 자신을 남과 비교하면서 스스로를 평가절하 해 포기를 끌어내리려고 했다. 그걸 떠올린 뒤다시 한번 생각했다.

'만약 여기서 책 쓰기가 아닌 글쓰기를 포기한다면 행복할까?'

나 자신에게 이렇게 물었고, 행복하지 않을 것 같다는 대답을 했다. 그결과 묵묵히 원고를 마칠 수 있었다.

살아가면서 하고 싶은 게 생기기 마련이다. 누구나 마찬가지겠지만, 결론은 행복하게 사는 것이 정답이라고 생각한다. 누구도 불행하게 사는 것이 나의 꿈이라고 말하는 사람은 없다. 하지만 본인이 불행을 자초하면서 살아간다고 생각한다. 예를 들어 뚱뚱한 모습이 좋기 때문에 다이어트를 하지 않는 건 아닐까? 세상에 뚱뚱한 모습을 좋아하는 사람이 어디 있냐고 반문하는 사람이 있다면, 그 또한 당신의 자격지심이라 말하겠다. 영어를 유창하게 하길 바라면서 영어 공부는 거들떠보지 않고, 책을 출간해서 작가가 되고 싶지만 글 한 줄 쓰지 않은 채 맨날 TV나 시청하는 것과 다이어트를 하지 않는 것은 본질적으로 다르지 않다고 본다.

다이어트가 되었든 그 무엇이 되었든 끝을 보지 않는다면 헛된 꿈이나 다름없다. 불행하다고 느끼는 것은 불만이 있다는 것과 다르지 않다. 불만은 해소하면 없어지기 마련이고, 그럼 자연스럽게 불행도 해결된다.

105kg의 몸으로 살았을 때는 일일이 말할 수 없을 만큼 불편했고 건강도 좋지 않았다. 행복해지고 싶었다. 행복으로 가는 과정에서 뚱뚱한 몸이 불만이었기 때문에 해결하고 싶었고, 정상 체중으로 살기 위해 다이어트가 일상이 되는 삶을 살았다. 뚱뚱하지 않은 사람은 평생 모를 기쁨과 환희를 느꼈고, 뚱뚱한 사람만이 가질 수 있는 행복을 챙겼다. 남자도 다이어트로 인해 이런 감정을 느끼고 행복한 삶을 사는데 여자는 오죽할까? 다이어트는 하고 싶지만 먹고도 싶다면, 둘 중 하나를 포기하는 게 정신 건강에 좋다. 만약 자연식품이 아닌 가공식품을 선택한다면 비만으로 인해 오는 고통은 본인 스스로 자처한 것임을 잊지 말아야 한다.

사십 대 중반의 삶을 사는 동안 고생이란 고생은 다 하고 산 것 같다. 물론 앞으로 최소한 15년은 더 고생하면서 살 각오가 되어 있다. 그러나

60세가 되면 그땐 고생이 아니라 진짜 나만의 인생을 살고 싶다. 이것이 나의 꿈이기 때문에, 오늘도 나의 가치를 올릴 수 있는 글을 쓰고 있다. 지금 당장은 글쓰기가 금전적으로 큰 도움은 되지 않겠지만, 글을 쓰면서 과거를 생각하고 현재의 모습을 인정하며 15년을 더 살아간다면, 아무것도 하지 않은 것보다는 행복할 것이라 믿어 의심치 않는다.

약점이 있다는 건, 그만큼 행복해질 수 있는 아이템이 있다는 뜻이다. 사람은 누구도 완벽할 수 없고, 완벽해서도 안 된다. 결혼했을 때, 처음부터 부모님이 집을 장만해주면 내 집 장만의 꿈을 이룰 수 없다. 이사를 밥 먹듯이 다니면서 겨우겨우 내 집을 장만한 사람은 기뻐 날뛸 수 있다. 서두에서도 말했지만, 평생 다이어트를 안 해도 되는 사람들이 다이어트에 성공했을 때의 기쁨을 맛볼 수 있을까? 이런 행복은 비만인 사람만이 가질 수 있는 특권이다.

시작도 하지 않으면서 변화를 꿈꾸는 이들이 많다. 아이가 핸드폰을 만지작거리는 대신 책 읽기를 원한다고 말하는 분들이 있다. 그런 분들께 본인이 책 읽는 모습을 얼마나 많이 아이에게 보여주었는지 묻고 싶다. 자식이 행복하길 바란다면 본인 먼저 아이에게 행복한 모습을 보여줘야 한다. 그럼 아이도 행복한 행동을 하며 행복한 삶을 살게 될 테니 말이다.

나 자신은 뚱뚱하면서 아이에게 다이어트하라고 말한 장본인이 바로 나다. 치부나 다름없는 가족사를 하나 더 말하자면, 나의 큰아이는 20대 중반의 처자다. 예쁘고 왕성하게 활동하며 자존감 높은 아가씨가 되었다면 좋았을 테지만, 나의 딸은 다른 사람이 깊은 잠자리에 들 때 게임하고, 남들 다 활동하는 오전·오후에 잠을 자며 살고 있다. 누가 나의 딸을 이렇게 만들었을까? 그 또한 나다. 아이가 어렸을 때 세상을 원망하고, 현실을 부정하고, 삶을 마주하지 않고 살았기 때문에 세상에서 가장 사랑하는 나의 딸이 내 행동을 하나하나 보고 배웠고, 세뇌를 받으면서 자랐기 때문이다. 그래서 내 아이는 나의 과거를 그대로 따라 하며 살고 있다.

앞으로 남은 인생을 잘 살아서 건강하고, 돈도 많고 뭐 하나 빠질 게 없다고 치자! 그럼 행복할까? 뒤돌아봤을 때 내 딸이 자존감이 바닥인 상태에서 아무것도 하지 않은 채 살아간다면 행복하기는커녕 나 또한 불행한 삶을 살게 될 것이다. 그러니 반드시 내 딸의 자존감을 올려주어야 하고, 내 딸도 아빠처럼 무엇이든 할 수 있다는 자신감을 가진 사람으로 만들어야 한다. 그때 비소로 나도 행복하게 살 수 있다.

부모는 아이보다 30년을 먼저 걷는다고 했다. 내가 불행하게 살아가면 내 아이도 그 길을 걷는다는 걸 직접 경험했기 때문에 이런 말을 하는 것이다. 아이가 있는 주부가 소원을 말할 때 "아이가 우선."이라는 말을 하지 않았으면 좋겠다. 맛있는 게 있으면 엄마가 먼저 맛있게 먹고 그 먹는 모습을 보여주어야 한다. 그래야 그 모습을 본 사랑하는 내 딸이 훗날 맛있고 소중한 것을 차지할 수 있기 때문이다. 내가 가장 소중해야 아이도 가장 소중한 것을 지킬 수 있다.

불만이 쌓이면 불행이 된다. 행복의 반대말은 불행이 아니라 불만이다. 삶에 불만이 없을 수는 없지만, 불만이 생기면 바로 해결을 해야 한다. 불만은 시간이 지날수록 면역력이 강해지기 때문에 지금 당장 해결하지 않으면 행복은 멀어지고 더 아픈 삶이 당신을 기다리게 된다. 행복을 위해서라면 하고자 하는 것이 생겼을 때 남의 눈치를 볼 필요가 없고, 눈치를 봐서도 안 된다.

2020년에 이 책을 출간하길 바라고 있다. 그래서 이렇게 글을 쓰고 있으며, 동시에 같은 해 김밥집 창업을 바라고 있다. 그렇게 꿈을 꾸면서 어떻게 하면 아내와 아이에게 직업을 선물할까 고민하고 또 고민하고 있다. 과거 내가 그랬듯, 자존감이 낮은 사람의 특징 중 하나가 눈치를 보는 것이다. 뭐 하나 사고 싶어도 돈을 벌지 못하기에 눈치 보고 눈치를 보는 과정에서 혹시 거절이라도 당할까 싶어 두려움이 앞서고, 그 두려움으로 인해 자존감은 점점 낮아질 수밖에 없다. 그렇게 악순환이 반복되는 것이다.

지금 직장에서 평생 직업이 될 만한 것을 찾지 못하면 인생의 2막은 절망이 되어 당신의 목을 죌 수 있다. 반대로 은퇴하는 그날까지 당신의 가치를 높이며 살아간다면 김밥을 팔더라도 더 많은 김밥을 팔 수 있다고 믿는다.

미세먼지가 많다고 직장을 결근하는 사람은 없듯이, 내가 가고자 하는 목적이 선명하고 명확하다면 어떠한 장애가 있다고 해도 멈추면 안 된다. 스스로 원한다면 반드시 행동으로 옮겨야 행복할 수 있다. 나 자신이 원하면서도 잠깐 힘들다고 행동으로 옮기지 않는다면 당신의 미래를 장담할 수 없다.

인생은 한 편의 영화와 같다. 대부분의 주인공은 고난과 역경을 이겨내고 해피엔딩을 맞이한다. 관객이 그런 영화에 박수를 보내듯이, 당신도 이 세상의 주인공인 만큼 해피엔딩으로 끝났으면 좋겠다.

제3장

없다는 건,
많은 걸 가질 수 있다는 것

가진 게 없어서 불행한 줄 알았다.

돈이 많아야 행복한 줄 알았고, 돈이 없으면 불행하다고 확신했다.

과거에도 가난했고 여전히 가난하며

앞으로도 나아질 기미가 보이지 않았기 때문에

죽는 것이 더 낫지 않을까 생각하기도 했다.

그러나 시선을 조금만 다르게 보면

부족한 만큼 채우면서 살아갈 수 있다는 것이었고,

그것이 진정한 행복이라는 걸 알았다.

싸구려 음식만 먹었기 때문에 가끔 값비싼 음식을 먹으면 행복하고,

반지하방에서 살았기 때문에 임대 아파트에 살아도 세상 좋다.

뚱뚱했던 몸 덕분에 다이어트를 했고,

그 덕분에 또 다른 삶을 살아봤다.

배우지 못했기 때문에 작은 상식이라도 채우며 살고 있는 요즘은

배움의 행복을 안다.

많이 배우고 많이 가지고 살면 좋겠지만,

못 배우고 없이 살아도 기죽을 것도 없고 그래서도 안 된다.

다만 오늘도 부족한 나를 채우며 살아야 한다는 걸

잊지 않았으면 좋겠다.

오늘의 삶이 훗날 당신의 삶이 되고 인생 2막의 직업이 된다.

1.

거짓 인생

아주 어렸을 때부터 남들과 비교를 당하면서 살았기 때문인지, 나를 포함한 대부분의 사람은 습관처럼 내가 아닌 남의 눈에 비치는 내 모습을 의식하면서 살아가고 있다. 특히나 나이 어린 부부를 보면 많은 사람이 동물원 원숭이 보듯 걱정하고 조롱한다. 열다섯 살의 어린 여자아이가 아이를 낳으니 남들 눈에는 신기했을지 모르지만, 그들의 말은 우리 부부에게 상처가 되었다. 무슨 소리를 하느냐고 따져 물으면 걱정이 되어서 하는 말이라고 변명한다. 그렇게 걱정되면 돈이라도 달라고 하자 "어린 녀석이 행패를 부린다."면서 "애가 걱정된다."고 비아냥거리기까지 했다.

그래서 그랬을까? 언젠가부터 우리 부부는 나이를 속였다. 16세의 아내는 21세라고 말하고 다녔고, 나는 26세라고 말하면서 다녔다. 그다음 해도 그랬고, 그 다다음 해도 우리 부부의 나이는 항상 제자리에 있었다. 같은 나이라도 일찍 결혼하면 행동을 조심해야 한다. 같은 실수를 해도 결혼 안 한 21세 청년을 보면 '어리기 때문에 그럴 수도 있지.' 하면서 넘어가지만, 내가 실수를 하면 아이 이야기가 나오기 때문에 힘들었고, 그만큼 어른들과 싸우기도 많이 싸웠다.

거짓말이라는 것을 하려면 머리가 무척 좋아야 한다. 나 같은 경우 머리가 나빠서 내가 한 거짓말을 기억하지 못 하기 때문에 금방 들통난다. "아이는 공부 잘하느냐?"라는 질문과 "와이프는 뭐 하나?"라는 질문에 제대로 대답해본 기억이 없다. 정상적인 부부의 아이도 걱정이 많은데, 어린 부부의 아이가 좋지 않은 환경에서 태어났기 때문에 케어조차 제대로 해주지 못했고 방목이 아닌 방임을 했다. 요즘은 아내와 잘 싸우지 않지만, 어린 시절에는 죽기 살기로 싸우기도 많이 했다. 싸움의 주된 이유는 '돈'이었다. 나름 잠도 안 자고 죽어라 일했지만, 철없던 시절 마구 써 댔던 카드 값도 못 갚았다. 어린이집 또한 당시에는 정부 지원도 없었고, 15개월 차이 두고 둘째가 태어났기 때문에 이래저래 감당하기 힘들었다. 그리고 힘들다는 감정을 아내에게 짜증 내는 것으로 풀려고 했다.

좋은 아빠가 되고 싶었고, 좋은 남편, 좋은 자식이 되고 싶었다. 여기서 말하는 '좋은'이란 말의 뜻은 부자라고 생각했고, 나는 반드시 부자가 될 줄 알았다. 시간이 지나면 부자는 자연스럽게 되는 것이라 여겼다. 그래서 주어진 일에는 몸을 아끼지 않았고, 잠도 줄이면서 최선을 다했다. 하지만 부자가 되기는커녕 삶이 나아질 기미조차 보이지 않았다.

결혼하고 아이가 태어나면서 나도 모르는 사이 남의 시선을 의식하고 살았고, 그래서 없어도 있는 척했다. 블로그의 닉네임이 '있어'인 이유도 '있어 보이고 싶어서'였다. 나 자신을 있는 그대로 인정하기는 것보다 거짓된 삶이 더 편한 건 사실이다. 뚱뚱해서 몸이 아프고 생활하는 것 자체가 불편하며 심지어 숨 쉬는 것도 힘들지만, 뚱뚱함을 인정하기는 것보다 다이어트를 못하는 거짓 이유를 나열하는 것이 훨씬 쉽고 정신 건강에도 좋았던 것이다.

생활 형편을 누구보다 잘 알고 있기 때문에 누구를 만나더라도 항상

'돈' 생각뿐이었다. 두 번을 얻어먹었다고 하면 적어도 한 번은 내가 계산하는 것이 맞지만, 돈 때문에 온갖 핑계를 대면서 다음에 만나자며 거짓말도 자주 했다. 그런 나 자신이 싫고, 미웠으며, 자존감도 점점 낮아졌다. 가난한 환경을 나의 탓으로 돌리고, 그러다 억울하면 세상을 부정하고 원망도 하면서 가족에게까지 불행을 전해주었다. 행복해지고 싶다면 행복해질 수 있는 행동을 해야 하는 게 세상의 이치다. 그럼에도 손바닥으로 하늘을 가리는 멍청한 짓을 하면서 결국 삶을 포기하겠다는 마음까지 먹었으니 세상에 이런 바보가 또 있을까 싶다.

없다는 건 불만이 있다는 뜻이고, 불만이 해결되면 있게 되며, 행복도 느낄 수 있다는 말이다. 밥을 두 번 얻어먹었다고 반드시 밥을 사야 하는 법은 없다. 밥이나 먹자는 말에 "얻어먹어도 되지?"라고 대답하면 그만이고, 돈이 없다고 상대방이 연락하기를 기다리기보다는 내가 먼저 연락해서 "밥 사줘!"라고 하는 게 낫다. 만약 밥 좀 얻어먹었다고 해서 나를 멀리하는 사람이라면, 나 또한 그런 사람은 필요 없기 때문에 인간 다이어트를 했다고 생각하면 된다.

삶의 목적 없이 주어진 일을 하면서 살았기 때문에 스스로 무언가를 해야 한다는 생각이나 어떤 꿈을 가지고 살아야 하는지에 대한 생각도 없었고, 방법도 몰랐다. 내가 오롯이 인간 이호재로 살아야겠다고 마음먹었을 때 가장 먼저 한 생각과 행동은 거짓 인생이 아니라 나만의 인생을 살기로 마음먹는 것이었다. 그리고 몇 가지를 행동으로 옮겼다.

첫 번째는 '솔직함'이었다. 굳이 말하지 않아도 될 가정사를 솔직하게 말했다.

"반지하방에 살고 월급은 180만 원을 받는다. 아이를 셋이나 키우고, 애들 고등학교 납부금이 얼마이며, 통닭 한 번 시켜 먹으려고 해도 부담이 만만치 않다."

그 후 나와 만나는 모든 이가 나의 형편을 알게 되었기 때문에 부담이 없었고, 내가 자신과 남을 속이지 않았기 때문에 죄책감도 없어졌으며, 자존감이 낮아지지도 않았다. 무엇보다 남들은 내 가난에 대해 그렇게 많이 생각하고 있지 않다는 것을 알았다. 그들에게 중요한 건 이호재라는 사람과 함께 한다는 사실뿐이었다. 다들 나의 지갑 사정에는 전혀 관심이 없었다.

두 번째는 거짓된 이호재가 아니라 진짜 이호재를 만나는 것이었다. 세상을 부정하고 원망했던 이호재가 도대체 무엇 때문에 그랬는지 생각을 해봤더니, 첫 번째가 지금의 현실이었다. 가난한 삶이 싫었고, 삶이 나아질 기미가 없다는 사실이 싫었던 것이다. 어린 부부가 가진 것 없이 시작했다면, 특별한 계기가 없는 이상 결혼 16년 차라고 해도 가난하게 사는 게 지극히 정상적인 것인데 왜 그동안 쓸데없는 욕심을 냈는지… 그런 생각을 나 자신과 이야기했고, 결국 헛된 꿈인 부자를 포기하고 잘 사는 삶을 선택하기로 했다. 그러자 '가진 게 없다'는 사실은 '앞으로 얻을 수 있는 아이템 무궁무진하다'는 뜻이라는 생각에 희망이 생겼다. 그리고 그 희망을 위해 오늘도 내가 할 수 있는 것에 전념하기로 마음먹었다.

가난이란 문제가 불행한 삶의 원인이었는지도 진지하게 생각을 했다. 결론은 가난했기 때문에 불행한 것이 아니라, 불행한 행동을 했기 때문에 가난하게 살았다는 것이었다. 남이 만들어 놓은 일터에서 일꾼으로 일을 한 건 사실이지만, 내가 나를 위해 무슨 일을 했나 생각해봤더니 게임하고 드라마 보면서 남과 비교해 자신을 비참하게 만든 것뿐이었다. 거짓된 생각과 행동이 나를 가난하게 살게 했음에도 불행이란 말을 습관적으로 내뱉었던 것이었다.

2019년 기준으로 정확히 116일을 쉬었다. 2020년 또한 116일을 쉰다. 남이 만들어 놓은 일터에서 249일 일했다고 치자. 그럼 116일은 나를 위해, 또 당신을 위해 무엇을 했는가? 이렇게 물으면 똑 부러지게 대답할 사람이 몇이나 될지 궁금하다.

거기에 249일을 일한 것은 분명하지만, 그렇다고 24시간 내내 일한 것은 아닐 것이다. 그렇다면 퇴근 후 잠자리에 들 때까지 적게는 6시간, 많게는 8시간은 오롯이 당신의 시간이었을지도 모른다.

세 번째는 그렇게 좋아하던 TV와 게임 끊기였다. TV를 보지 않기 때문에 요즘 나오는 유명한 배우나 가수를 알지 못하고, 게임을 모르기 때문에 게임하는 친구들과도 소통이 어려운 건 사실이다. 그렇다고 나만의 인생을 사는데 불편한가? 전혀 그렇지 않다. 그러니 소통이 어려워도 상관없다. 오히려 나를 알아가는 시간이 많아져 삶의 행복이 커지고 있다. TV를 보는 시간에 PPT를 배우고, 스피치를 공부하고 연습하며, 심리상담사 자격증을 취득했다. 그렇게 나 자신이 몰랐던 나의 능력을 알았고, 하찮게 여겼던 나 자신을 다시 보는 계기가 되었다. 낮아졌던 자존감을 끌어 올리기 위해 게임 속 캐릭터 대신 나를 성장시키니 살맛이 난다. 과거에 불행하게 살았거나 현재도 불행하다면, 있는 그대로의 본인을 인정해야 한다. 그래야 내일의 삶이 달라진다.

뚱뚱했던 시절 105kg이 되었던 건 뚱뚱한 삶을 살았기 때문이고, 어린 부부가 아이 셋 키우면서 월 180만 원밖에 벌이가 없으니 당연히 가난하게 살았던 것이다. 그런 현실을 마주하지 않고 살았기 때문에 세상을 원망하고 부정했고, 그 결과 불행한 삶을 살았던 나다.

앞에서 내 삶을 바꾸기 위한 행동 세 가지를 들었다. 여기서 변할 수 없는 건 가난이란 현실이었고, 그것을 과감하게 인정하고 조금 불편한 삶을 살더라도 받아들이기로 하니 마음이 편했다. 뚱뚱한 나 자신을 바꾸는 것이나 현실을 마주하는 건 누구도 대신해 줄 수 없기 때문에 나만 변하면 된다고 여겼다. 위기를 기회로 삼을 아이템이라고 받아들이니 할 일이 없던 내게도 무언가를 할 수 있는 계기가 되었다. 뚱뚱한 사람은 비만의 삶을 살았기 때문에 몸도 아프고 보기도 보기 좋지 않으며, 행동도 굼뜨 자칫 게으르다는 인식도 빋는다.

비만을 단번에 해결하는 방법은 없다. 그러나 오늘 하루 몸에 좋지 않은 설탕이나 밀가루 같은 탄수화물 대신, 맹물이나 사과, 양배추와 삶은 달걀을 먹고, 치킨 대신 삼겹살 구워 엄청난 양의 야채에 싸서 먹는다면 분명 어제보다 건강해질 것이다. 나는 30kg 감량을 243일 만에 끝냈다. 오늘이 모여 미래가 된다는 말, 진짜 맞는 말이다. 오늘도 하지 않으면 내일도 하지 않지만, 오늘 하면 내일도 하게 된다. 선택은 당신이 스스로 하면 된다.

거짓으로 나 자신을 속이며 살았을 땐 불쌍한 삶이었지만, 못났어도 그 또한 나 자신이기에 더는 모두를 속이며 살고 싶지 않았고, 나 자신에게 실망하는 행동도 하지 않기로 했다. 그래야만 나만의 인생을 만들 수 있을 거라 여겼던 것이다.

2.

나는 나로 살기 위해 미치기로 마음먹었다

살아가면서 무언가에 미쳐 본 적이 있는가? 어린아이가 유튜브에 푹 빠진 것이나 나의 막둥이가 게임을 할 때 이성을 잃을 정도로 웃으며 떠드는 모습을 볼 때면 제정신 아닌 듯싶다. 다이어트가 직업인 사람이 운동을 하는 건 일이기 때문에 백번 이해하지만, 취미로 철인 3종 경기를 하는 사람과 지옥처럼 힘든 헬스를 하는 사람을 보면 내 입장에선 도무지 이해가 안 된다. 힘들게 올라가 허겁지겁 내려올 산을 수시로 다니는 사람도 이해가 안 되는 건 마찬가지다.

과거 불평불만을 습관처럼 늘어놓으며 모든 것을 삐딱하게 바라보면서 부정적인 생각으로 살았을 땐 산송장이나 다름없었다. 아무것도 하고 있지 않지만, 더 격렬하게 아무것도 하고 싶지 않았다. 무기력증이라고나 할까? 주중에는 먹고살아야 하기 때문에 지옥에 끌려가듯 어쩔 수 없이 출근했지만, 금요일에 퇴근하면 월요일에 출근할 때까지 반지하방 한구석에서 화장실 갈 때 빼곤 나오질 않았다.

오랜 결혼 생활 동안 의무를 지며 살았고, 내가 아닌 가족을 위해 당연히 희생해야만 한다고 생각했다. 그런 내가 나만의 인생을 살겠다며 미치게 된 계기는 회사 동료들을 따라 우연히 경마장에 간 것이었다. 경마를 했고, 예상가 생활을 잠시 했다. 직장과 경마를 동시에 하는 것은 버거웠고, 욕심인 걸 알기에 둘 중 하나를 포기해야 했다. 아쉽지만 직장을 선택하고 경마를 잠시 미루기로 했다. 그리고 얼마 후 무료한 삶이 싫어 다이어트를 시작하면서 꽤 오랜 시간 동안 미쳐 있을 수 있었다. 다이어트가 끝난 후 책 한 권 쓰고 싶다는 생각을 했고, 작가의 삶의 미칠 수 있었다. 책이 출간되자 강연을 준비하기 위해 PPT를 배워야 했고, 아무도 없는 허공에 대고 스피치 연습도 해야 했다. 그런 삶에 미쳤던 것이다.

우울증이 오는 이유는 아주 간단하다. 지금 당장을 생각하지 않아서 행동하지 않으며, 아직 오지 않은 미래를 상상하면서 다가올 고통만 떠올릴 뿐 딱히 해결할 방법이 없기 때문이다. 그래서 때로는 극단적인 생각도 한다. 만약 오늘을 바쁘게 산다면, 우울증은 오라고 해도 올 수가 없다. 따지고 보면 평생 오지 않을 내일을 쓸 때 없이 걱정하면서 살아간다고 해도 과언은 아닐 듯하다.

잠자고 눈뜨면 또 오늘이고 지금이건만, 대부분의 사람은 내일은 무얼해 먹을지 걱정한다. 심지어는 점심 먹고 저녁에는 또 무얼 먹을지 걱정하기도 하는 게 사람이다.

가기 싫은 회사를 억지로 간다고 생각하면 하루가 지옥이겠지만, 아침에 조금 일찍 눈을 떠서 산책하거나 책을 읽고 글을 쓰면 오늘이 달라지고 미래가 달라진다. 그리고 미래가 달라진다는 믿음을 통해 이왕 하는 일이라면 긍정적으로 하게 되며, 그 결과 지옥에서 탈출도 가능하다.

지옥에서 살 것인지 아니면 천국에서 살 것인지는 내가 결정하는 것이고, 거기에 맞는 행동만 하면 된다. 과거에는 모이지 않는 돈 때문에 매우 힘들어했다. 그러나 지금은 그렇게 "돈. 돈." 거리며 살고 있지 않는다. 대신 당장 내가 할 수 있는 것만 하면서 산다. 산책하고 싶으면 산책도 가고, 여행하고 싶으면 여행을 다니며, 경마장을 가고 싶을 땐 경마장에 가서 미친놈처럼 고래고래 소리 지르고 응원하면서 산다.

내가 스스로 작가의 삶을 선택했다. "작가는 책을 출간한 사람이 아니라 오늘도 글을 쓰는 사람."이라고 말하며 미천한 나의 삶을 밝히고, 나와 같은 고통 속에서 살아가는 단 한 사람이라도 있으면 안 된다는 생각으로 웬만하면 매일 블로그의 이호재 에세이라는 카테고리에 글을 쓰고 있다.

따지고 보면 지금 당장은 큰 걱정처럼 여겨지지만, 시간 지나면 지금 고민하고 걱정했던 것이 무의미하다는 걸 알 수 있다. 10년 전 당신의 고민을 기억하고, 1년 전 오늘 고민했던 것이 무엇인지 묻는다면 대답할 수 있는가? 대답은커녕 기억조차 못 한다. 블로그를 하는 이유는 사람마다 제각각이겠지만, 나의 경우 블로그를 하는 이유 중 하나는 '무언가'를 하고, 할 것을 찾기 위함이다.

"맛집에 간다. 그리고 사진을 찍어 블로그에 남긴다."
보통은 이런 순서가 맞다. 하지만 이런 식으로 블로그를 운영한다면 얼마 못 가 소재 고갈로 힘들 수 있다.

그러나 블로그를 위해 일부로라도 오늘 한 끼 정도는 외식을 하고 소소한 데이트를 한다면, 블로그의 내용뿐만이 아니라 삶의 질이 달라진다. 외식을 하기 위해 차려입고, 평소 집에서 먹지 못하는 음식으로 식사를 하고, 간식으로 핫도그 한 개씩 먹을 수도 있으며, 후식으로 달달한 팥빙수나 커피 한잔하고 내일 아침에 먹을 빵 한 개를 구입해서 왔다고 하자. 그러면 블로그에 올릴 포스팅 내용이 넘쳐나서 써야 할 내용이 밀리기도 한다. 게다가 내가 해야 할 일은 자동으로 생기고, 그 과정에서 타인과 온라인이든 오프라인이든 소통하기 때문에 나 자신이 성장하고 행복한 삶을 누리게 된다.

하루가 모여 1년이 되고, 1년이 모여 10년이 된다. 살아 있는 사람이기 때문에 언젠간 늙고 병들어 죽게 된다. 이건 사람의 힘으로 어떻게 할 방법이 없기 때문에 받아들여야 하겠지만, 곧 들이닥칠 미래는 얼마든지 나의 노력 여하에 따라 바꿀 수 있고, 원하는 삶을 살 수도 있다.

직장의 일꾼이 되어 최선을 다해 살아도 나이를 먹으면서 입지가 좁아지고, 결국 언젠간 겪어야 할 은퇴 시기가 온다는 걸 모르는 사람은 단 한 명도 없다. 그러나 나 자신을 성장시키며 살아가는 사람이 얼마나 되는지는 알 수 없다.

시간 지나 은퇴하는 시기가 왔을 때, 매일 조금이라도 성장을 도모했던 사람은 그동안 미루어놓은 일을 하며 지금의 삶보다 더 큰 행복을 누리며 살아갈 것이다. 반대로 준비 없이 그냥 살았던 사람은 좋았던 젊은 시절에 비해 현저히 떨어진 삶의 질을 비교하며 더 나아질 수 없다는 현실에 피눈물을 흘릴지도 모른다.

지금 당장 나의 가치를 올리는데 미치지 않는다면, 준비하지 못한 미래에 미칠 수 있다. 어차피 한번 미쳐야 한다면 가장 젊은 오늘 미치는 것이 어떨까?

세 아이의 아버지이자 한 여자의 남편으로, 또 엄마의 아들로 살아가지만 정확히 말하면 나는 나다. 그 누구도 나의 삶을 대신 살아주지 못하며, 나의 인생 설계 또한 해줄 수 없다. 자식이 나이를 먹으면 부모는 늙는다. 자식의 모자람을 보면서 부모님의 심정을 헤아리고, 부모님의 안타까움을 보면서 나의 아이도 훗날 같은 생각을 할지 모른다는 생각이 든다. 늙어가는 부모님을 보고 살아가지만, 현실적인 도움을 드리지 못하고 있는 실정이다. 이런 점을 알기 때문에 반드시 나의 인생 2막에는 아이들이 내 걱정 안 하고 살 수 있도록 '나는 나로 살겠다' 마음먹었고, 나 스스로 성장하기 위해서 미치는 선택을 했다.

경마를 도박이라고 치자! 그러나 경마에 미쳐 있는 사람은 도박에 빠져 살지 말라고, 그만하라고 조언을 해줘도 듣지 않는다. 다행히 잃을 돈이 없었던 나는 도박 대신 예상에 빠졌고, 일주일 동안 경주에서 뛸 마필 300마리를 미친 듯이 쳐다봤다. 일주일이 어떻게 갔는지도 몰랐고, 매주 시험 치르는 심정으로 경주 결과를 받아들였다. 남들이 경마는 나쁜 것이라고 말하는 것은 생각하지 않았다. 오히려 당당하게 경마장을 다녀왔다고 말했으며, 이 과정을 통해 남의 시선에서 벗어나는 연습을 했고, 되돌릴 수 없는 결과에 집착하지 않는 법도 배웠다. 게임에 푹 빠져 사는 사람을 보면 미친 사람 같다. 하지만 그 미친 정신을 다른 곳으로 돌리면 무얼 하더라도 미치기 때문에 좋다. 경마가 힘들 때쯤 다이어트를 하면서 다이어트에 미쳤고, 잘만 하면 나의 경험을 살려 돈도 벌 수 있겠다는 희망도 생겼다.

무언가에 단 한 번이라도 미쳐 본 적이 있는가? TV 드라마 '환상의 커플'에 나오는 '강자'라는 캐릭터는 정신이 살짝 나간 순수한 영혼을 지녔다. 한여름에 눈 온다고 헛소리를 하며 머리에 항상 꽃을 꽂고 다닌다. 다른 사람들의 눈에는 미친년처럼 보이겠지만, 정작 본인은 걱정 없이 살아서 그런지 해맑고 행복한 표정이다. 무언가에 미치면 앞이 보이지 않고 귀가 들리지 않기 때문에 걱정도 없고 걱정할 시간도 없다. 결국 미쳐야 행복한 사람이 된다.

자존감이 낮은 사람의 특징은 뭘 하든 본인은 못한다고 생각하고 시작도 하기 전에 포기한다는 것이다. 반면에 자존감이 높은 사람은 모든 것을 긍정적으로 보기 때문에 실패하더라도 일단 실행해본다.

맞춤법도 모르고 책 한 권 읽지 않았던 나도 버킷리스트에 적어두었던 '내 책 쓰기'를 실현했다. 다이어트를 시작해 30kg을 감량하는 경험을 했고, 그 경험을 알리고 싶어 책 출간이라는 목표를 세우고 원고를 쓰기 시작해 『다이어트, 상식을 깨다』라는 책이 실제로 출간되는 기적이 일어난 것이다. 회사에서는 이름 없이 직책으로 불리지만, 밖에서는 '작가님'이라는 호칭으로 불린다. 만약 당신의 아이가 부모의 직업이 무엇이냐고 물었을 때 "글 쓰는 작가님입니다."라고 대답한다면 당신의 기분은 어떨까? 상상에 맡기겠다.

세상에는 완벽한 사람은 없다! 어느 부분 부족한 것이 인간이기에 사람은 매력적이다. 심심한 게 싫어서 경주마를 공부했고, 뚱뚱한 것이 싫어서 다이어트를 시작했다. 하고 싶은 말 많은데 들어주는 사람 없어 글쓰기를 시작했고, 지금은 작가의 삶을 살고 있다.

'없다'는 건 '부족한 부분을 채우면서 살아간다'는 뜻이다.
이 어찌 행복하지 않다고 할 수 있겠는가?

3.

미치지 않으면 미칠 수 있다

사는 것 자체가 미친 짓이라고 생각한다. 아니 미치지 않고서는 살 수가 없다는 말이 맞는 것 같다.

나는 글을 쓰는 것이 취미다. 나 스스로는 글을 써야 하는 이유로 책 200권 이상은 집필할 수 있을 것이라 생각한다. 그만큼 글쓰기에는 엄청난 장점이 있다.

첫 번째는, 돈이 들지 않는 몇 안 되는 취미라는 것이다. 골프를 취미로 삼은 적이 있다. 회사 사장님이 쓰시던 중고 채를 주셨고, 실내연습장 또한 사장님이 끊어 주셔서 돈은 들지 않았다. 하지만 매일 글을 쓰듯 골프 또한 자주 연습해야 하기 때문에 수시로 연습하는 비용이 든다. 저렴한 필드를 가더라도 20만 원쯤은 있어야 한다. 그러나 글쓰기는 일체 돈 드는 일이 없다.

두 번째는 장소에 구애를 받지 않는다. 비가 와도 쓸 수 있으며, 눈이 와도 상관없고, 춥거나 더워도 쓸 수 있다. 집에서도 쓸 수 있고, 커피숍이나 심지어 화장실에서도 쓸 수 있다는 장점이 있다.

세 번째로는 나의 흔적이 남는다는 것이다. 사람은 태어나 이름을 남긴다고 하는데, 일기를 쓰면 일기가 남고, 책을 쓰면 책이 남는다. 이 밖에도 장점은 엄청 많지만, 삐딱한 시선으로 보는 이들은 돈이 안 된다는 이유를 들어 할 일 없는 사람이 하는 일이라고 말할 수도 있다.

내 시선에서 보면 모든 이가 미친 사람이다. 일단 나를 포함해 몸에도 해롭고 비싸기만 한 담배를 태우는 사람은 정상이 아니다. 상식적으로 접근해보면 미친 사람이 분명하다. 고생해서 죽어라 번 돈으로 고약한 냄새가 나는 담배를 사다가 입으로 가져가고, 연기를 뿜어대면서 일면식도 없는 남에게 피해를 주니 감옥에라도 보내야 하는 게 옳은 일 않을까 싶다.

담배만 그럴까? 술은? 굳이 좋은 사람 만나 몸에도 해롭고 비싸며 취하기라도 하면 실수할까 봐 두려움이 앞서는 그런 술을 꼭 마시면서 웃고 떠들어야 할까?

거기에 우리나라의 3분의 1을 차지하는 비만 인구는 완전히 미친 사람이 맞다. 가뜩이나 뚱뚱해서 건강도 좋지 않은 사람이 가공식품을 하루가 멀다고 매 끼니마다 먹고 있으며, 다이어트한다고 헛소리를 하며 헛된 꿈을 꾸니 분명 제정신은 아니다.

결혼이라고 해서 다를까? 혼자 살면서 본인 마음대로 살면 될 것을 죽어라 일하고 돈 바쳐서 겨우 한 달에 몇 푼 용돈이랍시고 받고, 마음대로 친구를 만나지도 못하고, 일거수일투족을 감시당해야 하며, 아내 눈치, 남편 눈치 보면서 인내심을 키우며 살아야 하고, 외박이라도 하는 날이면 고문에 가까운 대가를 치러야 한다. 그래서일까? 결혼한 사람들이 "내가 미쳤지!"라고 뒤늦은 자백을 하는 걸 가까이에서 종종 들을 수 있었고, 나 또한 내뱉었다.

상식적으로 생각해보자. 왜 굳이 결혼을 할까? 여자가 필요하고 남자가 필요하면 애인으로 사귀기만 하면 될 것을 왜 쓸데없는 선택을 해서 스스로 미친 사람이 되는 걸까? 요즘 아이들은 똑똑해서 점점 혼인 수가 줄어들고 있다고 한다. 역시 요즘 아이들 현명한 것 같다.

동물은 종족 번식에 대한 본능이 있다고 한다. 사람도 동물이기 때문에 사람이 자식을 낳는 건 본능이다. 하지만 결혼한 신혼부부 중 40%는 아이가 없다는 기사를 봤고, 대한민국 출산율이 0.88명으로 줄었다는 기사도 봤다. 내가 초등학교 다닐 때만 해도 한 반에 60명 가까이 되었지만, 막둥이는 한 반에 20명이 조금 넘는다고 한다. 두 명이 결혼해서 한 명도 채 안 되는 인구를 출산하는 것을 보면, 머지않아 대한민국이 자연스럽게 망할 것 같다.

결혼이 미친 짓이라면, 출산은 절대 선택해야 하지 않아야 할 일이다. 일단 건강하지 않은 아이가 태어날지도 모를 일이고, 설사 건강하게 태어났다고 해도 부모는 아이 때문에 매우 많은 희생을 감수해야 하며, 버는 족족 아이를 위해 투자하고도 아이가 성장하면 내가 그랬고, 당신이 그랬던 것처럼 부모 일은 나 몰라라 할 테니 절대 아이를 가지는 미친 짓을 하면 안 된다.

세상이 이상하고 불공평해서 미쳐 가고 있기 때문에 미쳐야 살 수 있다. 지금도 담배를 피우는 사람은 많고, 술 마시며 시끄럽게 떠들기 위한 약속도 하며, 먹는 재미를 알기 때문에 다이어트 못 하는 사람도 많다. 눈멀고 결혼해서 원수가 된 남편과 아내지만, 그래도 세상에서 가장 아끼는 사람은 아내와 남편인 걸 보면 여전히 미쳐 있는 것 같다. 그래서 서로를 닮은 아이까지 출산해 사는지도 모르겠다.

무엇을 해도 미친 짓인 세상이라서 참 좋다. 담배를 태워도 이상하게 보지 않고, 술 마시고 떠들어도 이해해 주며, 결혼을 하든 이혼을 하든 미쳤다고 말하지 않고, 고생길 뻔한 출산을 했을 때도 축하한다는 말도 안 되는 말을 해준다. 당신이 결혼했든 하지 않았든 상관없다. 또 아이를 출산해서 육아로 인해 고통을 받고 있든 처음부터 아이를 원하지 않았거나 하늘이 점지해주지 않아서 아이가 없는 상황이든 상관없다. 왜냐하면 무엇을 해도 미친 짓인 것은 분명하기 때문이다.

어차피 제정신이 아닌 상태로 살아가는 거, 이왕이면 온전히 나를 위해 미치는 건 어떨까? 세상의 중심에 나를 두고 세상이 움직인다고 믿으면, 그 세상도 참 재밌고 행복하더라. 아주 오랜 기간을 잠 못 자면서 살았음에도 삶이 나아질 기미가 보이지 않았고, 지금과 같은 힘든 생활을 얼마나 더 해야 한 줄기 빛이 보일지 몰라 답답할 때는 미치고 환장할 것 같았다. 도피 목적으로 대한민국 국민이 가장 잘한다는 자살을 생각했고 행동으로 옮겼지만, 신이 다시 한번 생각해보라고 말하듯 자살은 실패에 그쳤다. 그래서 완전히 미쳐 버리기 전에 달콤한 미친 짓을 선택했다. 스스로를 성장시키고 그 성장을 이용해 인생의 2막을 돈 걱정 없이 살고 싶다는 생각뿐이었다. 만약 인생의 2막 때 열심히 노력했음에도 변화가 없다면 그때는 죽어도 된다고 생각했다. 그렇게 나 이호재는 새로운 삶을 시작할 수 있었다.

회사에서 일하고 집에 오면 게임과 TV를 놓지 않았던 삶에서, 게임 안 하고 TV를 보지 않는 대신 세상을 게임 삼아 나를 키우고 있다. TV를 켜면 시선이 자동으로 향하기 때문에 생각할 시간이 적어진다. 그래서 최소한의 뉴스만 보고, 예능이나 드라마를 보지 않는 대신 다이어트에 성공한 주인공으로서 TV 출연도 하면서 나의 흔적을 만들며 살고 있다. 그 덕분일까? 내가 하는 웬만한 행동은 인터넷 검색을 통해 나오고 있으며, 대한민국 대형 서점에 내 책이 비치되어 있다.

경마에 미쳤기 때문에 스포츠라고 말하는 사람이다. 다이어트에 미쳐서 다이어트가 세상에서 가장 쉽다고 말하는 사람이며, 글쓰기의 매력에 미쳐서 맞춤법도 모르고 책 한 권 안 읽어봤음에도 누구나 다 책을 낼 수 있다고 말하는 사람이다. 왜냐하면 내가 경험했기 때문이다. 그래서 말 할 수 있고, 확신할 수 있다.

단, 미쳐야만 가능하겠지만 말이다.

미치지 않으면 미칠 수 있다. 다이어트할 땐 다이어트에 미쳤고, 경마할 땐 경마에 미쳤다. 미치지 않고 살아간다면 다가올 인생의 2막에 미칠 것이 분명했다. 나뿐만 아니라 대다수의 사람은 스스로 잘 알고 있음에도 현실을 부정하며, 당장 즐거울 무언가를 찾으며 살아가고 있다. 몇 년 전 알던 누군가를 만나기 위해 치장한 뒤 거리 불문하고 찾아가며, 밥 먹고 차를 마시면서 서로의 안부를 주고받은 뒤 아쉬움을 뒤로하고 다음을 기약하면서 헤어진다. 뭐, 사람을 만나는 건 아주 좋은 경험이다. 그런데 정작 남는 건 없었다. 드라마를 봐서 얻는 것도 없었고, 게임을 해서 얻는 것도 없었다. 불필요한 사람을 만나고 그들을 부러워하며 살던 적도 있었다.

그러던 내가 나로 살기 위해 미치기로 마음먹었다. 조금이라도 자신을 키울 수 있다면 누가 뭐라고 해도 망설임 없이 실행했다. 어차피 실패할 다이어트도 했고, TV 출연도 했으며, 책도 출간했다. 어차피 망할 다정아카데미라고 조언을 해주었지만, 일단 시도했고 망했다.

성공하든 실패하든 과정에서 배우는 것이 많으니 행동으로 옮기는 건 무조건 남는 장사다. 한때 냉면 장사를 7년간 한 적 있다. 한 달 광고비로 수백만 원을 지불했지만 지금 내게 남은 건 아무것도 없다. 하지만 이런 경험을 발판삼아 2020년에 할 예정인 김밥집 창업은 뭐라도 남기는 장사로 만들 계획이다. 그게 뭐냐고? 냉면집을 할 때는 냉면집과 냉면만 광고했지만, 김밥집은 나를 광고할 계획이다. 돈은 남지 않아도 향남에서 꽤 많은 사람이 나를 알게 될 테니, 그 또한 재산이라면 재산이 될 것이다. 그리고 가난해도 나의 경험을 다른 이와 공유하면서 살아간다는 게 꼭 나쁜 것만은 아니라는 자신감을 주는 사람으로 살겠다.

2020년, 한국 나이로 45세가 된다. 은퇴는 점점 빨라지고 있으며, 이는 남의 이야기가 아니다. 먹고살아야 한다는 막중한 임무를 반드시 해결해야만 한다. 그렇지 못하면 TV에 나오는 빈곤층 노인의 이야기는 나와 당신의 이야기가 된다.

꿈이 없는 사람은 죽은 이와 다르지 않다고 했다. 힘겹게 살 땐 꿈 꾸는 것조차 사치라 생각하면서 무의미한 삶을 살았고, 불평 가득한 마음을 가족에게 화를 내는 것으로 풀었다. 당시와 비교하면 똑같은 하루라는 시간을 살지만, 먹고살아야 하는 일뿐만 아니라 책도 읽고 글을 쓰며 가끔 여행계획도 세우고 창업 준비도 하고 있다. 그만큼 바쁘게 살고 있지만 힘겹기는커녕 마음이 편안하고 몸도 편안하다.

꿈이 없으면 몸과 마음이 힘들고 삶도 불편해진다.

행복해지고 싶다면 행복한 곳에 미쳐보는 건 어떨까?

4.

당연한 일상을 의심하라

불행하게 살 땐 불만 가득한 마음을 품고 살았기 때문에 불행하게 살 았다. 내가 가진 것에 감사할 줄 모르고 남보다 아주 조금 없다는 이유 로 세상에서 가장 불쌍한 사람이 나라고 생각했으니 진짜 불쌍하게 살 았던 것이다. 오늘도 다행히 아침에 눈을 떴고, 가장 먼저 TV를 켜 뉴스 채널에 맞추고 화장실에 다녀온 후 물과 약을 먹었다. 책을 읽고 산책하 러 다녀온 뒤, 아침 식사를 한 후 커피 한 잔 들고 스마트폰으로 자동차 시동을 걸면서 엘리베이터를 타고 승용차가 있는 곳으로 걸어가 차를 탔 다. 10여 분 운전한 후 회사에 도착해 약 9시간 정도 주어진 업무를 하 고 퇴근하면 별거 없는 안주와 함께 소주를 마시며 생각나는 것에 대해 생각하고 졸리면 잠자리에 든다.

지금이야 이런 일상을 항상 감사한 마음을 갖고 살아가지만, 7년 전만 하더라도 매일 반복되고 발전 없는 나의 모습에 답답함을 느꼈고, 나만 직장에서 돈을 번다는 생각에 일하는 기계나 현대판 노예가 따로 없다 고 생각했다. 만약 결혼만 하지 않았다면 내가 벌어 내가 쓰고 싶은 곳 에 마음대로 쓰면서 살았을 거고 그러면 분하지도 않을 텐데…. 담뱃값 때문에 담배도 아내의 눈치를 보며 사야 하는 나 자신을 볼 땐 비참하기 까지 했다.

사람은 내가 가지고 있는 것에 감사하기보다는 내게 없는 것을 가지지 못했다고 슬퍼하며 자신을 바보로 만드는 것 같다. 앞이 보이지 않는 사람은 죽기 전에 딱 한 번만이라도 내 새끼 얼굴 보는 게 소원일 테고, 두 발이 없는 사람은 한 번이라도 일어서는 것이 소원일 텐데, 적어도 난 눈을 뜨고 이렇게 글을 쓰고 있으니 행복하게 사는 게 맞다.

두 눈이 멀쩡하고 두 다리가 멀쩡해서 정신 상태가 나빠진 건 아니었을까? 아니면 몸이 불편해져야 정신 차릴까?

선천적 장애보다 후천적 장애를 겪는 사람의 비율이 훨씬 더 높다고 한다. 사람 앞일 모른다고 나 또한 언제 어떤 장애를 겪게 될지, 더 심하게 말하면 언제 죽을지 전혀 알 수가 없다. 여태 불평불만을 늘어놓았던 것 중에서 사지육신 멀쩡한 것보다 소중하고 중요한 건 없었다.

돈이 없기 때문에 가난했다. 가난으로 인해 삶이 불편했다. 하지만 다리 하나 없는 것과 사지는 멀쩡하지만 가난한 삶 중 어떤 삶이 더 불편할까? 내가 가진 모든 걸 당연한 일상이 아니라 혜택이라 생각했다면 결코 자신을 불행하다고 말하지 않았을 것이다. 하루에도 수십 차례 교통사고로 사람이 죽거나 장애를 겪지만, 내게 일어나지 않은 남의 일이라 전혀 신경 쓰지 않는다. 그러나 아무리 낮은 확률이라 할지라도 내게 그 일이 일어나면 그 확률은 100%가 된다.

아침에 눈 떴을 때 춥지도 덥지도 않게 잠을 잘 수 있는 건, 누군가 내가 덮은 이불과 집을 만들어 주었기에 가능하다. TV를 켜서 뉴스를 볼 수 있는 건, 누군가 TV를 만들고 뉴스를 제작했기 때문이다. 물과 약을 먹고, 산책을 하거나 책을 읽을 수 있었던 것 역시 내가 잘나서가 아니다. 누군가 제약 회사를 만들고 똑똑한 인재를 등용해 안전한 약을 만들어 주었기 때문이고, 글을 쓴 작가와 책을 만든 출판사가 있었기에 뜨끈한 방안에서 마음 편히 책을 읽을 수 있었으며, 자연과 사람이 만든 작은 공원이 있었기에 산책하면서 새소리도 들을 수 있었던 것이다.

살아가면서 이루 말할 수 없는 혜택을 받지만, 정작 내가 하는 일이라고는 겨우 남이 만들어 놓은 일터에 가서 하루 9시간 시키는 일이나 하는 것이다. 그렇게 한 달 중 20일만 일하면 되니까 수학적으로 따져도 완전 남는 장사가 아닌가 싶다. 감기에 걸려 병원에 가면 몇천 원만 지불하면 20년 이상을 죽어라 공부한 의사가 힘든 병원 생활을 하면서 배우고 익힌 의료 지식을 총동원해 하루빨리 감기에서 벗어나라며 처방전을 주고, 약국에 가면 똑똑한 사람이 모여 만든 약을 내게 건네준다. 이것만 봐도 대한민국은 세상에서 우월한 국가가 맞다. 만약 몇백 킬로미터 떨어진 북한에 태어났다면, 지금 사는 걸 힘들다고 말할 수 있겠는가?

다이어트를 통해 수많은 사람과 소통하는 과정에서 느낀 건, 대다수의 사람이 안일하게 생각하고 있다는 것이다. 지금 당장은 걷는 것에 문제도 없고, 건강 상태가 엄청나게 위험하지도 않아서 사소한 이유를 대고 다이어트를 포기하는 것을 많이 봤다. 오늘의 삶이 내일이 되고 미래가 된다고 확신한다. 그래서 오늘 하지 않으면 내일도 하지 않게 되고, 앞으로도 하지 않게 된다고 믿었고, 오늘 할 일은 반드시 하고 또 다른 오늘이 오면 또 묵묵히 했다.

많은 사람이 여행을 참 좋아한다. 여행은 평소 가보지 못한 곳을 가거나 갔던 곳 중 특별히 기억에 남은 곳을 가게 마련이다. 여행을 하기 위해선 사전에 많은 정보를 찾아야 한다. 그래야 맛집도 가고 특별한 체험을 하거나 경치가 좋은 곳을 갈 수 있다. 만약 사전에 아무런 정보 없이 여행을 떠난다면 낭패를 볼 확률이 높다. 정보를 찾아야 하는 수고스러움도 있지만, 운전이라는 위험부담도 안아야 한다. 집에서 쉬는 것보다 훨씬 더 몸도 피곤하며, 안 써도 될 돈을 써야 한다. 그럼에도 여행을 하는 이유는 사람마다 다르겠지만, 확실한 건 각자에게 여행을 해야 할 이유가 명확히 있다는 것이다.

병원에 가면 아픈 사람이 정말 많다. 내 주위에는 아픈 사람이 별로 없다고 느낀다. 진짜 안 아파서인지 아니면 남에게 관심이 없어서인지 모르겠지만, 진료하기 위해 대기하는 시간이 엄청난 걸 보면 아픈 사람이 많기는 많은 것 같다. 병원 진료를 마치고 나올 때 나도 모르게 "아프지 말아야지."라는 다짐 아닌 다짐을 한다. 감기에만 걸려도 목은 아프지, 눈은 튀어나올 것 같지, 아무 데서나 기침은 나고 가래가 끓어 미칠 것 같다. 그런데 진짜 지독한 병에 걸려 생사를 알 수 없을 땐 어떤 심정이 될까? 쉽게 그 병을 받아들일 수 있을까?

다이어트하기 전에는 몸이 뚱뚱하고 볼품없기 때문에 누가 옷 사준다고 해도 싫었고, 뚱뚱한 우리 부부는 여행지에서 사진을 찍더라도 절대 전신사진을 찍지 않았다. 대신 얼굴만 찍곤 했다. 감기에 걸려서 병원에 갔을 때도 의사는 내 감기를 걱정하는 대신 비만을 걱정했다. 다이어트를 하지 않고 살아갔다고 해도 미래는 어떻게 될지 알 수 없다. 그래도 확률적으로 따졌을 때 덜 아플 가능성이 높은 건 사실이다.

누구나 다 아는 사실이지만, 과거는 전혀 중요하지 않다. 과거에 내가 잘 살았던 못 살았던 그건 어차피 과거다. 지금 당장 내가 어떻게 사느냐가 더 중요하다.

하지만 그보다 더 중요한 건, 미래의 내가 어떻게 살게 될 것인가이다.

수학적으로만 보면 하지 않아도 될 여행이나 캠핑도 마다하지 않고 하는 세상이다. 집 놔두고 여행이나 캠핑을 하면 불편하지만, 우리는 그 불편함을 당연하게 여기기 때문에 개의치 않는다. 인생도 따지고 보면 긴 여행과 같으니 인생 2막을 위해, 그리고 나 자신을 위해 조금 불편하고 힘들어도 삶을 마주해야 하지 않을까 한다.

건강하고, 잘 먹고, 나름 주어진 일을 하면서 내가 걸었던 오늘의 발자취가 당연한 일상이라고 할 수 있겠지만, 사람 일은 모르는 법이다. 어떤 이가 평생 그리워했던 나의 일상을 나 또한 그리워할 수도 있는 법이다.

여행을 하기 위해서 이것저것 정보를 알아보듯, 인생 2막을 위해 직장에서 직업을 구해야겠다는 심정으로 이것저것 정보를 알아야 한다. 평소 하고 싶었지만 용기가 없어 하지 못했던 외국어 공부나 책 쓰기처럼 하고 싶은 게 생겼다면 주저하지 말고 시작해보자. 매일 오는 오늘을 최선을 다해 살아간다면 은퇴가 두렵기보다는 설레지 않을까?

여행도 힘들고 캠핑은 더 귀찮고 힘들지만, 그래도 꿋꿋이 하는 건 여행의 힘듦과 캠핑의 귀찮음보다 과정에서 얻는 게 많기 때문이다. 여행과 캠핑을 하면 추억이 남고, 같이한 사람과 평생 이야기할 수 있는 스토리가 생긴다. 마찬가지로 직장에서 직업을 구하기 위해 부족한 부분을 채워나가면서 각자 스토리를 만들어야 한다.

나는 뚱뚱하기 때문에 다이어트를 했다. 다이어트하면서 당연하게 생각하고 여겼던 음식을 당연히 먹지 않았다. 그동안 당연하게 생각했고 행동했기 때문에 당연히 가난하게 살았고, 거기다 불행하게 살면서 나 자신을 못 잡아먹어 안달이었다. 불편했던 몸에게 사죄한다는 마음으로 가공식품은 일체 먹지 않았으며, 우리가 밥이라고 생각하는 쌀 또한 먹지 않았고, 243일이라는 기간 동안 블로그에 기록을 남겨 나 같은 사람도 다이어트했으니 당신도 다이어트할 수 있다는 의미로 포스팅을 했다.

만약 뚱뚱하지 않다면, 인생 2막을 위해 다이어트 대신 글쓰기를 추천하고 싶다. 글을 쓰면서 내면의 아픔을 치료하고, 당신이 써가는 글처럼 살 수 있다는 자존감을 올려 인생의 2막은 당신이 만든 당신의 삶을 오롯이 살았으면 좋겠다.

당연하게 생각하며 삶의 소중함을 모른 채 살았다. 주위를 둘러보면 걱정 없는 사람이 없다. 하지만 내가 봤을 때는 그들이 하는 걱정은 아주 사소한 걱정으로 보였다. 마찬가지로 누군가는 지금 내가 하는 걱정 따위를 결코 생각하지 않는다. 그러니 걱정할 시간이 있다면 인생 2막을 위해 당신의 가치를 키워야 한다. 당신의 캐릭터를 성장시켜 당신의 삶을 나누고 살아간다면, 누군가 만들어 놓은 이 세상을 온전히 누릴 수 있는 주인공이 되지 않을까 한다.

만약 직장에서 직업을 구하지 못했다면, 인생 2막이 왔을 때 당신은 자신의 삶을 즐기지 못하고 다른 누군가를 위해 다리를 만들고 디딤돌을 놔주는 등 많은 일을 해야 한다는 걸 잊지 말았으면 좋겠다.

5.

인생은 여행이다.

사는 게 힘들어서인지 사람들은 대부분 여행을 좋아한다. 우정 여행, 무전여행, 신혼여행, 태교 여행, 자전거여행, 배낭여행, 각종 기념일 여행 등 여행은 그 종류를 헤아릴 수 없을 만큼 많다. 나 또한 여행을 참으로 좋아하고, 매년 전국을 다니며 다녀왔던 곳을 블로그에 기록하고 전국지도에 색칠하고 있다. 누군가는 어떤 곳을 여행하느냐보다 누구와 여행을 하느냐가 더 중요하다고 말한다. 나 또한 그 말에 동의한다. 가까운 뒷산에 가더라도 사랑하는 이와 함께 오르면 별거 없는 도시락을 먹더라도 행복하다. 그렇게 나 자신이 행복하다고 느끼면 그 삶이 진정으로 행복한 삶이라고 생각한다. 그럼 왜 사람들은 여행에 목말라 있을까? 사람마다 다르겠지만, 나 같은 경우 이왕 대한민국에 태어났으니 전 세계는 둘러보지 못하더라도 대한민국 땅 정도는 두 다리로 거닐어 보고 싶기 때문이다.

여행을 떠나기 전, 무수히 많은 생각과 결정을 해야 한다. 나의 상황에 따라, 또는 같이 갈 사람이 있다면 그 사람의 스케줄도 함께 생각해야 한다. 당일치기를 할 건지, 1박 2일을 할 건지 기간을 정해야 한다. 그리고 기간에 따라 콘셉트를 결정해야 한다. 쉬는 여행인지, 먹는 여행인지, 아니면 체험하는 여행인지 분명히 결정하고, 거기에 합당한 목적지를 선택해야 한다. 먹는 여행이라면 남도 여행이 좋겠고, 쉬는 여행의 경우 여유가 된다면 해외가 좋을 것이며, 그것도 귀찮으면 국내 호텔에서 일명 '호캉스'를 하면 된다. 그리고 체험하는 여행이라면 본인의 기호에 맞게 찾으면 되겠다.

목적지까지 결정되었다면 동선에 맞게 코스를 짜야 한다. 딱 한군데만 다녀온다면 굳이 코스를 짜야 하는 수고를 들일 필요가 없지만, 모처럼 하는 여행이니 평소 가보고 싶었던 곳까지 가고자 한다면 추가로 목적지를 설정해야 한다. 그래서 보통은 코스를 짜서 가게 된다.

여행 기간과 콘셉트를 정하고 목적지를 선택해 코스를 짰다면, 숙박할 곳을 찾아야 한다. 숙소도 종류가 엄청 다양하다. 호텔, 펜션, 민박 등 각자 취향에 따라 숙소를 정했다면 마지막으로 여행에서 가장 중요하다면 중요한 아침, 점심, 저녁, 간식, 야식 등 식사에 대한 선택지까지 꼼꼼하게 결정해야 한다. 지역에 맞는 특산물도 좋겠고, 그 지역의 유명한 맛집도 좋겠다. 여행에 있어 먹는 건 가장 중요하니까. 먹거리까지 결정했다면, 그 다음엔 이동 수단을 선택해야 한다. 도보로 갈 건지, 아니면 자가용을 이용해서 갈 건지, 대중교통을 이용해서 이동할 건지….

자! 이제 여기까지가 상상으로 해야 할 일이다. 하나하나를 종합적으로 꼼꼼하게 살펴본 후 종이 반 장으로 코스를 요약해야 한다. 다른 커플은 모르겠지만 우리 부부는 모든 여행 코스를 나 혼자 짰기 때문에 코스를 짜는 게 어렵다는 것을 안다. 1박 2일의 단순한 여행일지라도 일정을 짜보지 않은 사람은 이 일이 얼마나 귀찮고 굉장히 많은 시간이 걸리는지 모를 것이다. 반대로 해본 사람이라면 고개를 끄덕일 것이다. 그런데 여행은 막상 여행지에 가서 여행을 하는 것보다 계획을 짤 때가 가장 설레는 것 같다. 설악산 대청봉에 올라가 그림 같은 장관을 상상할 때 상상이기 때문에 좋지만, 막상 여행을 떠나면 그곳까지 걸어야 하고 걷는 과정이 힘드니 결코 좋기만 한 건 아니다. 결국 상상이 주는 좋은 장점은 계획하는 동안에만 누릴 수 있다.

여행에 있어 정답은 없다. 땡전 한 푼 없이 배낭 메고 무작정 걷는 무전여행을 하든, 비행기 타고 호화스러운 럭셔리 여행을 하든 본인 마음에 달려 있다. 인생에도 정답은 없다. 가난하게 태어나 가진 게 없든, 배우지 못해 아는 게 없든 정답이 없기 때문에 살아가는데 전혀 문제가 되지 않는다. 단지 본인이 선택할 뿐이다. 어떤 여행을 할지 본인이 선택했다. 그럼 어떤 삶을 살 것인지도 본인이 선택해야 한다.

나를 포함해 웬만한 사람은 '행복하게' 살고 싶어 한다. 스스로 불행을 선택하는 사람은 없지만, 행복을 선택했음에도 불행하게 사는 사람은 지천으로 깔려 있다. 예를 들어 행복하기 위해 결혼을 선택했지만, 결혼 생활이 불행하다고 말하는 사람은 주위만 둘러봐도 많은 것을 알 수 있다. 결혼 생활이 힘든 건 맞지만 불행한 것만은 아닌데, 사람들이 본인이 가지고 있는 불만을 키워 스스로 불행하게 만드는 걸 보면 마음이 좋지 않다.

몇 날 며칠에 걸쳐 여행 일정을 완벽하게 짰고 일정에 따라 여행은 시작된다. 막상 여행을 시작하면 행복하다는 감정을 느끼는 시간보다 힘들다는 감정을 느끼는 시간이 더 길다는 걸 알 수 있다. 일단 목적지로 가는 동안에는 좁은 차 안에 갇혀 있어야 하며, 심지어 차도 막힌다. 그렇다고 여행을 포기하는 사람을 본 적은 없다. 그동안 나누지 못했던 대화를 하거나, 잠시 휴게소에 들러 볼일도 보고, 평소 먹지 못했던 간식을 나눠 먹으며 다시 목적지로 간다.

목적지에 도착해도 힘든 건 마찬가지다. 주차장에 주차도 쉽지 않지만, 주차를 했다면 이제 진짜 목적지까지 걸어야 한다. 여행하면서 깨달은 게 있는데, 다리가 아픈 만큼 경치도 좋다는 것이다. 단양팔경을 아내와 걸으면서 도담삼봉은 그냥 눈으로 볼 수 있었지만, 석문은 꽤 높은 곳까지 올라가야 볼 수 있었다. 여수 향일암 갔을 때는 사족보행을 할 만큼 가파른 길과 사투를 벌여야 했다. 그래도 포기한다는 생각 자체를 하지 않았고, 묵묵히 올라간 끝에 멋진 장관을 볼 수 있었다.

솔직히 말해 여행은 해도 그만, 안 해도 그만이다. 힘들고, 돈 쓰고, 여행의 여파로 인해 다음 주 내내 피로가 풀리지 않지만, 사람들은 틈만 나면 여행하려고 애쓰고, 만약 여의치 않아 여행을 못 가게 되면 여행을 그리워한다.

그럼 여행을 통해 얻는 게 무엇일까? 사람마다 다를 것이다. 즐거움도 있을 테고, 지역 특산물을 먹는 경험이 특별하기 때문일 수도 있고, 사진을 찍으며 추억을 남길 수 있기 때문일 수도 있다. 그리고 우리는 이런 걸 통틀어 스토리라고 한다. 사람이기 때문에 본인 스스로 이야깃거리를 만들어나가려는 특징이다.

하찮다면 하찮은 여행도 이렇게 기를 쓰고 하면서, 정작 중요한 인생은 어떻게 살고 있는가? 여행이 인생이라면 인생 또한 여행처럼 힘들고, 귀찮고, 돈 쓰며 살아야 하지 않은가? 다이어트라는 여행을 계획하고 실천까지 했다면 세상이 뒤집어져도 무조건 끝을 봐야 하고, 올해 독서 100권을 한다고 마음을 먹었으면 삶의 우선순위는 책 100권을 읽는 것이 되어야 한다.

결혼하면 당연히 힘들고 귀찮고 피해를 보는 게 맞다. 습관이 다르고 철학이 다른 두 사람이 만나 함께 생활하기 때문에 당연히 의견도 다르고 행동 또한 달라 마찰이 생긴다. 그런데 그것을 불만으로 여기기 때문에 힘들다고 말하며, 가슴속에 쌓아두었다가 결국에는 불행으로 치닫게 된다.

아이를 낳으면 행복하다고 상상하는 사람이 제정신일까, 아니면 아이를 낳으면 힘들다고 상상하는 사람이 제정신일까? 제정신이라면 힘든 것을 상상하는 게 맞다. 현실적으로도 힘들기에 요즘 젊은 부부들은 출산을 꺼리고 있다. 엄마도 처음이고, 아빠도 처음이고, 그 아이도 인생이 처음인데 어떻게 힘들지 않을 수 있을까?

결혼이라는 여행을 떠나면 그만큼 힘들겠지만, 서로가 다름을 인정하면 마음의 상처는 덜 입게 된다. 육아라는 여행을 떠났을 때도 아이의 인격을 존중해주고 아이의 고민을 같이 고민해주면 서로 상처를 덜 입게 된다.

하찮은 여행도 힘든데 결혼이라는 여행과 육아라는 여행은 당연히 더 힘들다. 지금 결혼과 육아로 인해 힘들다면, 그것은 당신이 문제가 아니라고 말해주고 싶다.

내 인생 중 20년은 미성년이라는 이름으로 살았다. 걷는 것도 배우고, 뛰는 것도 배우며 말하는 것도 배웠다.

그 다음 20년은 인생이란 여행을 떠나기 위해 행복이라는 콘셉트를 정하고 목적지를 검색해 이제 막 여행을 떠나 고속도로에 진입한 상태였다고 본다. 수많은 경쟁자가 한꺼번에 몰려 정체된 시기였지만, 그렇다고 인생이란 여행을 포기할 수는 없었다.

이제 세 번째 20년에 돌입해 벌써 5년이란 세월을 실었다. 내가 정한 목적지에 도착하기까지 5년에서 8년 정도의 시간이 남았다. 직장에서 직업을 충분히 구할 수 있는 시간이 있는 만큼, 힘든 여행을 통해 나를 성장시키며 살고 있다.

살아가면서 불만이 있다면, 그 불만만 해결하면 행복해질 수 있다는 말이다. 스스로 책을 읽겠다고 다짐했으면 독서 여행을 떠나면 되고, 비만이 불만이면 다이어트 여행을 떠나면 된다. 부족하다는 건 단점이 아니다. 부족함을 채우면 장점이 된다. 그렇기 때문에 행복을 위한 아이템 중 하나인 셈이다.

아침잠 많다고 자신과 타협하고, 먹는 거 좋아한다고 자신과 타협하지 말았으면 좋겠다. 3주만 1시간 먼저 일어나 집 밖으로 나가면 삶이 달라지고, 3주만 한 시간 간격으로 자연식품을 먹어도 다이어트 여행을 포기하는 일은 없게 된다.

다시 한번 말하지만, 여행도 포기하지 않는 사람이 본인의 행복한 삶을 포기한다면 되겠는가?

60세가 되었을 때 남은 40년을 어떻게 살 것인가는 오롯이 당신의 마음에 달려있을 뿐이다.

6.

세상을 다르게 보는 시선

버킷리스트는 죽기 전에 해보고 싶은 소원을 적는 것을 말한다. 작성해 본 사람은 알겠지만, 100가지를 적는 건 결코 쉽지 않다. 나는 이 100가지를 채워 본 적 있다. 꽤 많은 버킷리스트를 실천한 나지만, 한때 나는 꿈이 없었다. 꿈은 부자나 대단한 사람이 꾸는 사치라 생각했다. 어느 블로그 이웃(려화)의 버킷리스트를 봤다.

그 100가지 중 몇 개를 적어 봤다.

부모님 집 사드리기. 10개국 이상 여행하기. 내 집 마련하기. 사랑하는 사람에게 프러포즈 받기(or 하기). 길거리 연주 가능할 만큼의 악기 배우기. 마카오 타워에서 번지 점프하기. 억대 연봉. 영향력 있는 크리에이터 되기. 뮤지컬(or 연극) 공연하기. 플라잉 요가 & 주짓수 배우기. 52kg까지 체중 감량 및 유지하기. 수중 촬영하기. 내가 집필한 책 출판하기. 강연하기. 스마트폰 앱 개발하기. 중국어, 영어, 독일어 유창하게 배우기. 나만의 향수 만들기. 킬리만자로 등반하기. 마라톤 풀코스 완주하기. 작사 or 작곡하기. 미술 or 보컬 배우기. 부모님 효도 여행 보내드리기. (인형 or 뜨개질 등) 수제품 만들기. 비행기 퍼스트클래스 타고 해외여행 하기. TV 프로그램 출연하기. 매년 책 100권 이상 읽기. 누군가의 멘토 되기. 봉사활동 10,000시간 이상 하기. 국토대장정 완주하기. 퍼스널 컬러 진단 및 메이크업 배우기. 인문학(ex·역사, 철학) 공부하기. 성우 교육받기. 점자 or 수화 배우기. 다도 배우기. 책 10,000권 이상 서평 쓰기. 탱고(or 탭댄스) 배우기. 한 분야의 전문가 되기. 타임스지 올해의 인물 되기….

위에 나열한 버킷리스트를 하나하나 이루기 위해선 쉼 없이 본인의 가치를 올려야 한다.

체중 52kg을 유지하며 살겠다는 꿈이 있기 때문에 운동을 하게 될 것이며 절제력도 키울 있을 것이다. 그 결과 마라톤 풀코스 완주와 국토대장정은 신청만 하면 가능하리라 생각한다.

매년 책을 100권 이상 읽어야 하니 하루도 손에서 책을 놓지 않고 살아야 한다. 매일 책을 읽으니 책 1만 권 서평 쓰기라는 꿈도 이루어질 것이며, 1만 권의 서평을 쓰면서 글솜씨 또한 좋아졌을 테니 책 한 권 출판도 가능하게 될 것이다. 책을 낸 작가가 되면 본인의 이야기를 다른 이와 소통하는 강연을 하게 될 테니 이 꿈도 이루어지는 셈이다.

또한 틈틈이 중국어, 영어, 독일어를 공부하면서 억대 연봉을 받기 위해 노력할 것이고, 시간 지나면 자연스럽게 많은 돈을 벌게 될 테니 부모님 집 사드리기는 물론 돈으로 해결할 수 있는 마카오 번지점프나 10개국 여행은 물론 몇 번이고 해외여행을 다녀올 수 있을 것이다. 돈이 많으니 부모님을 위한 효도 여행뿐만 아니라 그 이상도 해드릴 수 있다.

이런 행보를 오랜 기간 걷다 보면 TV 프로그램 PD에게 연락이 올 가능성이 높기 때문에 방송 출연도 문제 될 게 없고, 자연스럽게 좋아해 줄 팬이 생기기 때문에 누군가의 멘토가 될 것이며, 본인이 좋아하는 일을 계속해왔기 때문에 저절로 전문가가 될 테니, 잘만하면 타임스지에 올해의 인물로 선정되지 말라는 법도 없다.

누군가는 위에 나열한 버킷리스트를 허황된 꿈이라고 말하겠지만, 나는 얼마든지 가능한 소원이라고 생각한다.

일단, 다이어트는 사람이 반드시 지켜야 할 기본 중의 기본이라고 생각한다. 만약 쉬운 편에 속하는 다이어트도 못 하는 사람이라면, 다이어트보다 어려운 버킷리스트는 전부 어렵지 않을까? 나 같은 사람도 책을 읽었고, 집필을 통해 책도 냈으며, 강연도 했고, TV 프로그램에 주인공으로 출연까지 했다. 20대의 꿈 많은 여성인 블로그 이웃님은 당연히 이룰 수 있을 것이라 생각한다. 지금도 이 순간에도 본인이 원한 소원을 행동으로 옮긴다면 말이다.

세상에 성공과 실패는 없지만, 하는 사람과 하지 않는 사람은 있다고 생각한다.

"내가 집필한 책 출판하기."

대단한 사람은 대필 작가가 대신 써줄지 몰라도, 웬만한 작가는 본인이 원고를 쓰고 퇴고와 탈고 작업까지 마쳐야 한다. 원고를 쓰고 출판사의 선택을 받지 못해 책으로 출간되지 않았다고 해서 이 작가를 실패한 작가라고 말할 수 있는 사람이 있을까? 반대로 출판사의 선택을 받아 대형 서점과 인터넷 서점에 깔렸다고 해서 이 작가를 성공한 작가라고 말할 수 있을까?

책을 엮이든 원고만 남든 글 쓰는 사람을 작가라고 한다. 그래서 작가는 집필 작업에 들어가는 순간 오직 쓰는 일에만 몰두한다.

다른 사람의 시선을 전혀 신경 안 쓰고 사는 건 아니지만, 어지간하면 신경 안 쓰려고 한다. 나는 나만의 시선을 가지고 내 눈에 보이는 것만 보면서 할 수 있는 것에 집중하고 할 수 없는 것에 미련을 두지 않는 삶을 살아가고 있다. 왜냐하면 남들의 시선에서 성공을 보면 나 같은 사람은 절대 성공할 수 없다는 걸 예상하고 시작도 하기 전에 포기해야만 하기 때문이다 책 이야기가 나왔으니 책으로 비유를 하자면, 책을 출간하기 전까지만 해도 책은 대단한 사람이나 성공한 사람들만 출간하는 것이라 생각했다. 그도 그럴 것이, 책이라는 걸 읽어 봤어야 나 같은 사람도 책을 쓴다는 사실을 알 것 아닌가? 평생 책 한 권 읽지 않았기 때문에 지레짐작으로 대단한 사람이 쓰는 것이라 여겼다.

평생 비만으로 고통받은 적이 없는 사람이 다이어트에 관한 책을 쓰거나, 금수저 물고 태어나 돈 걱정 없이 살던 사람이 가난의 아픔을 이야기한다면 공감이 될까?

반대로 나처럼 흙수저로 태어나 이른 나이에 아빠를 잃고 홀어머니 밑에서 가난에 찌든 삶을 살다가 어린 나이에 아이 셋을 키우면서 또다시 가난에 찌들고 방황하면서 나이만 먹은 사람이 가난의 아픔을 이야기한다고 해보자. 그리고 그런 사람이 긴 방황 끝에 행복으로 가는 길을 찾아 미래를 준비하고 있으니 당신도 이렇게 살았으면 좋겠다는 이야기한다고 생각해보자. 공감하지 않을 수 있을까? 누군가는 내 이야기에 공감을 하고, 그 덕분에 용기를 가질 수 있기에 치부와 같은 삶을 글로 표현하는 것이다.

남이 보는 시선으로 남과 같은 세상에서 살면 7년 전 나처럼 아파할 수 있다. 나름대로 최선을 다해 일했다고 자부하지만, 사는 건 점점 팍팍해지고 삶이 더 나아질 거란 기대조차 없었다. 이대로 살다 비참하게 죽을 바에는 차라리 고생이나 덜하게 지금 당장 죽는 편이 낫지 않을까 하는 미련한 생각까지 했다. 하지만 삶의 목표를 찾아 다이어트에 성공한 뒤 블로그에 글을 쓰다가 이렇게 책도 쓰게 되었고 지금은 강연까지 하며 살아가고 있다.

보통 부모는 자식이 잘되었으면 하는 바람이 있다. 나 또한 내 자식이 잘 살았으면 좋겠다. 그러나 남들과 다른 시선이 내게는 있다. 일반적인 부모가 나보다 내 자식이 잘 되었으면 한다면, 나는 나부터 일단 잘 살았으면 좋겠다고 생각한다. 나부터 먼저 잘 살고, 그 다음 아이가 잘살도록 모범을 보이는 것이 세상의 이치기도 하니까.

세상에 완벽한 사람이 없는 건, 애초 조물주가 사람을 미숙하게 만들었기 때문이 아닐까? 다른 동물은 태어나 눈도 못 뜨는 상황에서도 스스로 엄마 젖을 찾아 물지만, 사람은 엄마가 아이를 안아 젖을 물린다고 한다. 거기엔 그럴만한 이유가 있지 않을까? 미성숙한 사람이기 때문에 세상을 겸허히 받아들이고, 행복으로 과정이 힘들더라도 조금씩 성장해서 더 큰 사람이 되라는 뜻이라 할 수 있겠다.

나의 소원을 일일이 나열했을 때, 하나 같이 쉽지 않았다. 나는 쉽지 않음을 인정했다. 가난이 싫었고 보다 나은 삶을 살고 싶었다. 잡념을 없애기 위해 사람들이 도박이라고 여기는 경마를 했다. 그때 남들의 시선을 전혀 신경 쓰지 않았고 오직 나만 즐거우면 괜찮다고 생각했다. 다이어트할 때 역시 '저탄수화물·고지방'이 몸에 해롭다는 말은 신경 쓰지 않았다. 그저 묵묵하게 진행했다. 책을 쓰는 것도 무식한 걸 알지만 일단 저지르고 봤다.

직장을 다니면서 지금 이 순간, 내 삶이 괜찮고 앞으로도 사는데 불편함이 없을 것 같다는 생각이 든다면 부럽다는 말씀과 축하의 말씀을 드리고 싶다. 그러나 지금의 삶이 막막하거나 앞으로 다가올 미래에 대한 희망이 없다면, 기죽을 필요도 없고 죽어서도 안 된다고 말씀드리겠다.

　남은 시간을 미리 짐작해서 계산한 다음 지금의 현실을 인정하고, 삶에 방해가 되는 요소를 해결하면서 살아간다면 삶의 질이 달라진다. 그리고 눈뜨면 해야 할 일이 있기 때문에 우울할 틈이 생기지 않을뿐더러 활력 넘치는 세상을 살아갈 수 있다고 본다. 이 세상의 주인공은 나와 당신이고, 당신이 있고 내가 있기에 세상은 존재한다고 생각하며 살아가면 대한민국이라는 나라는 아주 많이 살만한 곳이다. 남을 따라 해서는 남을 이길 수 없다는 말처럼, 남들이 하는 생각에 따라 살아가면 맨날 뒷북만 친다. 내가 걷는 길에 디딤돌을 올려놓으면 나를 좋아해 주는 누군가는 그 길을 밟고 지나오리라 믿는다. 그리고 좋아해 주는 사람이 당신이었으면 좋겠다.

　오늘의 삶이 내일의 삶이 되고, 내일의 삶이 미래가 된다고 확신한다. 6년 전 경마장을 가기 전에 반지하방에 살면서 울기도 많이 울었고, 세상도 참 많이 부정했으며, 나를 위로하는 사람도 미웠다. 지금 생각하면 잘 살고 싶다고 막연하게 마음만 먹었을 뿐, 실제로 내가 하는 행동은 전혀 없었다.

　인간은 동물 중에서 머리 크기에 비해 입이 작은 편에 속한다. 그 이유는 많은 생각을 하고, 생각을 입으로 내뱉는 것이 아니라 행동으로 옮기라는 건 아닐까?

7.

'나' 없는 내 인생

모든 사람은 공평하게 죽는다. 돈이 많든 돈이 없든 사람이라면 누구나 죽음을 맞이하게 되는데, 어떤 사람은 행복한 삶을 살았다고 이야기할 테고 또 다른 이는 억울하다며 눈도 못 감은 채 원한만 가득 남긴 채 생을 마감하는 사람도 있을 것이다. 그러나 어떻게 삶을 마무리하는가는 누구의 강요나 협박으로 어쩔 수 없이 선택한 결과가 아니라 오롯이 본인의 행적으로 인해 결정된다고 생각하고 있다.

뚱뚱해서 고민이 있는 사람, 가난이 지겨울 정도로 고민인 사람, 나이는 점점 먹어가는데 결혼을 못해서 고민인 사람, 결혼은 했지만 아이가 생기지 않아 고민인 사람, 아이는 있지만 아이가 건강하지 않아 고민인 사람, 아이는 건강하게 태어났지만 육아로 고민하는 사람 등 고민 없는 사람보다 걱정에 걱정을 더하며 사는 사람이 훨씬 많다.

그러나 조금만 생각해 보면 큰 고민이 아니라는 걸 알 수 있다. 뚱뚱하면 다이어트를 하면 되고, 결혼을 안 했으면 안 한대로 잘 살면 되고, 결혼을 했으면 있는 그대로의 모습을 받아들이면 된다.

결혼을 하고 안하고는 오직 내 마음인데 남들과 비교하면서 초조해지고, 내가 아닌 남이 보는 나로 살아야 한다는 강박 때문에 '내가 없는 내 인생'을 사는 건 아닌지 모르겠다. 나 또한 한 여자의 남편으로, 세 아이의 아빠로, 또 엄마의 아들로 살아가고 있다. 모든 사람이 유능한 남편으로, 자랑스러운 아들로, 존경하는 아빠로 살고 싶을 것이다. 나 또한 사람이기 때문에 그런 감정을 갖지 않았다면 거짓말이다. 누구보다 빠른 시기에 결혼했고, 출발이 빨랐기 때문에 남들보다 앞서고 싶었다. 그러나 현실은 그러하지 못했다. 살면 살수록 가난의 늪에서 빠져나올 수가 없었고, 아무리 노력하며 살아도 무능한 남편, 부끄러운 아들, 창피한 아빠로 살아야 했다. 하시만 그것은 내가 한 선택의 결과였다.

남이 시키는 일을 억지로 하면 고통이 된다. 그런데 따지고 보면 대한민국이 공산당도 아니고 남이 시키는 일을 억지로 한다는 게 말이 되는가? 뚱뚱한 사람이 비만으로 고통받고 있다면, 누가 그를 뚱뚱하게 만들었을까? 자유민주주의 국가인 대한민국에서 강제로 입 벌리고 음식을 밀어 넣어서 비만으로 고통받는 사람이 생긴 걸까? 세상 어떤 일도 범죄 피해자를 제외하면 본인의 선택으로 스스로의 삶을 만들었다고 할 수 있겠다. 21세의 나이에 15세의 아내를 만난 것에 어떤 강요나 협박은 없었고, 이른 나이에 강제로 아이를 임신한 것도 아니며, 세 아이를 출산한 것 또한 나와 아내가 결정했다. 그런데 불쌍한 인성을 가지며 살았을 때는 세상을 부정하며 원망했고, 우울증과 무기력증에 빠져 점점 나 자신을 피폐하게 만들며 세상을 삐딱한 시선으로 바라봤다.

세상은 빠르게 발전하고 있다. 과학도 발전하고 수명도 길어지고 있지만, 나 자신을 죽이는 핑계 또한 발전하고 있다. 뚱뚱하지만 다이어트를 못하는 수백만 가지 핑계를 대면서 살아가고 있고, 가난하다고 말하면서 가난할 수밖에 없는 핑계를 만들고, 행복해지고 싶지만 행복할 수 없는 핑계를 대면서 같잖은 핑계를 점점 업그레이드하면서 산다. 행복해지고 싶다면 가장 먼저 어떤 행동을 하면 행복할지 고민해야 한다. 누구나 알고 있듯이 행복한 행동을 하면 그 삶이 행복이다. 하지만 행복한 행동을 하면서도 불행하다고 노래를 부르며 살기 때문에 진짜 불행해지는지도 모른다. 행복해지고 싶어서 결혼하고 아이를 낳았지만, 결혼 때문에 힘들어 죽겠다고 하니 행복할래야 행복할 수가 없다.

어느 날 다이어트가 시급하다는 생각이 들었다. 누구의 강요도 없었고 협박도 없었지만, 스스로 지금 다이어트를 하지 않으면 불행할 것 같다는 생각을 했다. 대한민국 많은 사람이 한 번쯤은 나처럼 다이어트를 해야겠다고 생각했겠지만, 과연 얼마나 많은 사람이 실천하고 정상 체중으로 돌아갈 때까지 하겠는가?

남들이 뭐라고 하든 내 인생은 내 거다. 누가 내 삶을 대신 살아줄 것도 아니기 때문에 남들 어렵다고 하는 다이어트 또한 내 마음대로, 내 방식대로 했다. 20년 가까이 내가 아닌 남의 시선을 신경 쓰면서 살아봤고, 그 인생이 재미없는 것도 잘 알기 때문에 더는 그렇게 살고 싶지 않았다.

삶 속에서 수많은 선택을 하며 살아야 한다면, 내가 만든 나만의 스토리를 쓰고 싶었다. 무엇을 하든 그 선택에 대한 미련과 후회가 없도록 어떠한 핑계도 대지 않겠노라 다짐했고 묵묵히 하루하루를 살았다. 다이어트는 특별한 무엇을 먹어서 빼는 게 아니다. 내 몸에 필요한 에너지 보다 덜 먹어야 뺄 수 있기 때문에 솔직히 말해 힘들 게 없다. 누구나 안 먹어야 빠지는 것을 알지만, 내가 먹어야 하는 이유를 만들어 자신과 타협하려 하기 때문에 어려운 것이다. 다이어트를 하는 순간 머릿속에 온통 먹는 생각만 가득 차 있는 것이 힘들다면 힘들다 말할 수 있겠지만, 힘든 만큼 성공한다면 가치 있는 결실을 얻는 만큼 못할 이유는 없다고 본다.

돈이 없고 어릴 적에 많이 배우지 못했어도, 지금부터 나만의 인생이야기를 만들면 두려울 것도 없고 못할 것도 없다. 고민이 있다면 그 고민을 한 번 적어봤으면 좋겠다. 돈이 고민이면 돈을 아끼거나 더 벌면 그만이고, 비만이 고민이면 다이어트하면 되고, 책 한 권 내고 싶다면 글을 쓰면 된다. 내 아이가 행복한 사람으로 성장하길 바란다면 나부터 행복한 사람으로 살아가면 되고, 노후가 불안하다면 지금부터 준비하면 그만이다. 가진 게 많은 사람은 행복한 게 아니라 가진 것을 지켜야 하기 때문에 불안한 하루를 살아야 하는 반면, 가진 게 없는 나 같은 사람은 너무 가진 게 없기 때문에 잃을 것도 없고 두려울 것도 없어서 뭐라도 하면 이득이라 생각했다.

경마장에서 대장은 경마 잘하는 사람이고, 다이어트하는 사람 중 대장은 다이어트를 건강하게 잘 해서 원하는 체중까지 빼고 요요 없이 살아가는 사람이다. 삶에 정답이 있다면 그 삶도 재미가 없을 것이다. 삶에는 정답이 없기 때문에 나만의 인생을 만들 수 있고, 내 인생을 만들기 위해 고민하는 삶은 진심으로 행복한 삶이 된다. 마른 사람에게 당신은 말랐기 때문에 행복하냐고 물어봤고, 자기 집을 소유한 사람에게 당신 집이 있어 행복하냐고 물었다. 그 질문을 받고 행복하다고 답하는 사람은 별로 본 적 없다. 그러나 뚱뚱한 사람에게 날씬해지면 행복할 것 같냐고 물으면 한결같이 진심으로 행복한 표정 지으면서 행복할 것 같다는 대답이 돌아왔다.

나 없는 내 인생을 언제까지 살 것인지 나 자신에게 물어본 적이 있다. 나 역시 온갖 핑계를 댔고, 잘 할 자신이 없었다. 잘 할 수 있음에도 못 할 것 같다고 생각했던 이유는 다름 아닌 다른 사람들과 나를 비교했기 때문이었다. 더는 남과 비교하지 않고 오롯이 나 하고 싶은 대로, 남의 잣대가 아닌 나의 잣대를 지침 삼아 걷기로 했다. 내가 가는 이 길이 지름길이 아니라 돌아가는 길이라 할지라도 그 또한 내가 선택했기 때문에 나를 믿고 가자 마음먹었다. 또 잘하겠다는 마음보다는 일단 시작해 보자고 마음을 바꿔 먹었다. 그동안 힘들게 살면서 얻은 상처나 여전히 힘들게 살아갈 수밖에 없는 현실은 어쩔 도리가 없겠지만, 인생 2막의 삶은 지금보다 낫겠다는 확신이 들었다. 어차피 과거는 되돌릴 수 없다. 하지만 미래는 얼마든지 나의 힘으로 만들 수 있기 때문에 그다지 억울하다는 생각은 들지 않았다.

"돈을 쫓으면 돈은 도망가고, 도망가는 돈을 평생 쫓으며 살아야 하기 때문에 돈을 벌 수 없다."라는 말이 있다. 행복 또한 쫓기보다는 내가 가는 길에 행복이란 녀석이 따라온다고 생각해야 한다. 그러면 세상에 힘든 것도 없고, 못할 것도 없으며, 인생 후반전은 여유 있는 삶을 살지 않을까 한다. 배우자도 중요하고, 부모님도 중요하며, 눈에 넣어도 아프지 않을 자식도 중요하겠지만, 가장 중요한 건 역시 나 자신이다. 내가 있어야 부모님도 있고, 아내와 아이도 있으며, 세상도 있는 것 아니겠는가? 집에서는 누구의 엄마와 아빠, 직장에서는 직책으로 사는 것보다는 내 이름 석 자를 남기면서 산다면 그 또한 가치 있는 일이라 하겠다.

어렸을 적 공부와 담을 쌓고 즐거운 것에만 관심을 가진 채 놀기 바빴다. 판·검사나 의사 또는 대기업에 다니는 사람보다 노력하지 않았고, 그들이 밤샘 공부를 할 때 나는 밤새 놀았음을 인정했다. 그리고 그들보다 불편하게 사는 것을 받아들였다. 그들이 좋은 집과 좋은 차, 많이 배운 배우자를 만나는 건 어쩌면 당연한 일이다. 그래서 나는 훗날 그들과 어깨를 나란히 하기 위해 내가 생각 없이 살았던 기간만큼 그들보다 더 노력하려고 한다. 그 결과 그들과 어깨를 나란히 한다면 그것이 공정사회고 올바른 사회가 아니겠는가? 시간이 지나 후회한다고 해도 되돌릴 수 없을뿐더러, 나이 또한 많기 때문에 무언가를 다시 시작할 힘 또한 없기에 삶이 끔찍해질 것 같다.

잃어버린 나를 찾아 오늘도 나는 그렇게 산다.

제4장

보이는 만큼 보인다

"뭐 눈에는 뭐만 보인다."는 말이 있다.
헤어디자이너의 눈에는
길거리 지나가는 사람들의 머리 스타일만 보일 테고,
옷을 만드는 사람은
가지각색의 옷을 입고 다니는 사람의 옷이 가장 먼저 보이며,
신발을 만드는 사람은
다른 사람의 발 사이즈를 보기만 해도 맞출 정도다.
저마다 본인만의 스타일이 있고 추구하는 바도 다르기 때문에
사물이나 관점의 시선도 제각각이다.
태어날 때부터 가난하게 살았다.
그래서 가난이 불편한지도 몰랐고 창피한지도 몰랐다.
그러나 결혼을 하고 아이를 키우면서
나의 시선은 점점 오염되고 있었다.
내가 가진 것은 하나도 보이지 않았고,
내게 없는 것은 뚜렷하게 보였다.
갖고 싶지만 갖지 못해 불만이 생겨났고,
그로 인해 불평이 불행을 만들었으며, 내 정신은 썩어 문드러졌다.
정신을 바로 잡고 더 나은 삶을 살아야만 한다고 생각했다.
가난에서 탈출하고 불행에서 탈출해
눈에 넣어도 아프지 않을 아이들에게
가난을 대물림하는 것만큼은 피하고 싶었다.
어쩌면 그것이 지금 내가 살아가는 이유인지도 모르겠다.

1.
시간은 가는 걸까? 오는 걸까?

태어날 때부터 가난했고 여전히 가난하며 앞으로도 부자가 될 가망성은 희박하다. 과거에는 이런 가난 때문에 스스로를 평가절하 했고, 진짜 나 자신은 못난 바보라 믿었다. 돈이나 물질은 어느 정도는 필요하다. 하지만 그것이 행복의 전부라 말할 수는 없고, 잘 사는 삶의 척도 또한 되지 않는다.

그러나 시간을 때우며 삶의 일부를 버리는 사람은 절대 행복하게 살 수 없다. 가난한 자, 부자 구분 없이 모든 이에게 공평한 것 중 하나는 하루 24시간이 똑같이 주어진다는 것이다. 2020년 최저 시급은 8,590원이다. 사람에 따라 적다면 적은 돈이고 크다면 큰 돈일 수 있겠다. 그럼 하루 24시간을 금전으로 따지면 하루는 얼마일까? 당신의 목숨을 돈으로 환산한다고 하면 헐값에 넘길 사람은 없을 것이다. 그런데 하루를 허투루 사는 사람은 과거 나를 포함해 차고 넘친다. 비만인 사람에게 보다 건강하게 살았으면 하는 마음으로 다이어트를 권하면 시간 없다는 핑계를 대고, 당신의 삶의 이야기를 책으로 출간하면 어떻겠냐고 물었을 때도 시간이 없다는 핑계를 가장 많이 들었다.

그런데, 진짜 시간이 없을까?

새벽 3시쯤 눈을 뜨면 비가 오나 눈이 오나, 춥든 덥든 개의치 않고 주섬주섬 옷을 걸치고 밖으로 나선다. 아파트 주변을 돌면서 이런저런 생각을 하고, 오늘 할 일이든 주말에 할 일이든 정리를 한다. 20여 분 산책을 마치면 책을 읽거나 글을 쓴다. 오전 6시가 되면 TV 채널을 뉴스에 맞추고 세수와 양치, 그리고 약 먹는 등의 기본적인 준비를 한다. 시간이 허락하면 밥을 먹고, 시간이 여의치 않으면 커피 한 잔 들고 주차해놓은 차로 간다. 오전 업무 시작 전 블로그에 포스팅을 남긴 후 오전 업무에 들어간다. 점심시간에는 평소하고 싶었지만 여러 이유 때문에 밀어두었던 공부를 한다. 이를테면 영상편집이나 자막, 또는 PPT 공부가 그것이다. 또박또박 말할 수 있는 스피치 공부도 한다. 퇴근하면 하루 있었던 나의 삶을 정리하면서 좋아하는 술을 마시며 또 글을 쓰거나 부족했던 공부를 마저 하다가 밤 10시가 되기 전에 잠을 청한다.

하루에 수십 명과 카톡으로 대화해도, 나는 단 한 번도 시간이 없다는 이야기를 하지 않았다. 왜냐하면 진짜로 시간이 부족하지 않았기 때문이다. 요즘은 새로운 내일이 오는 게 아주 설렌다. 그래서 나는 세월이 간다거나 시간이 간다는 표현보다는, 시간이 다가온다는 표현을 좋아한다.

어제와 똑같은 오늘이 싫었고, 오늘과 똑같은 내일이 지긋지긋했다. 아침에 억지로 눈을 뜨고 먹고살아야 한다는 이유로 돼지가 도살장에 끌려가듯 억지로 출근해야만 하는 게 너무 싫었다. 퇴근 후 집에 오면, 내일 또다시 하기 싫은 일을 해야 한다는 생각 때문에 잠자는 게 두려웠다. 아무리 최선을 다해 일해도 삶이 나아지기는커녕 점점 더 깊은 수렁으로 빠져드는 것 같았고, 내가 하는 고생을 누구도 알아주지 않았기에 진짜 하기 싫었다. 퇴근하고 집에 가봐야 내가 하고 싶은 말을 들어줄 사람이 없으니 집에 들어가는 것도 싫었다. 죽을 만큼 힘들었지만, 아이들이 20세가 될 때까지는 키워야한다는 맹목적인 의무감으로 '하루 빨리 시간이 갔으면…' 하는 바람만 가진 채 살았던 기억이 지금도 생생하다. 똑같은 사람이고 똑같은 시간이지만, 억지로 사는 것과 내가 원하는 삶을 만들어 가는 것은 완전히 다르다. 자꾸 "돈. 돈." 하니깐 돈이 도망가 버렸고, 미래 또한 불투명했다. 그러나 '돈을 번다'는 목적에서 '나 자신의 발전'으로 목적을 바꾸자, 돈에 관심이 없어졌다. 별거 아닌 블로그와 경마, 그리고 다이어트로 관심이 옮겨 갔고, 억지웃음이 아닌 진정한 미소를 볼 수 있었다.

가난해서 삶이 힘들었던 것이 아니라, 삶을 힘들게 사니까 가난했던 것이다. 그런데 눈먼 장님처럼 나 자신을 못 봤고, 아까운 시간만 축내면서 살았다.

가난해서 죽을 만큼 힘들다고 치자! 어차피 힘든 거, 거기에 하나 더 얻는다고 뭐가 달라질까? 인생 2막을 준비하지 않는다면 재앙이 찾아온다는 걸 알면서 왜 준비를 하지 않을까? 지금도 삶이 힘들어 여력이 없다고 말하면, 이왕 힘든 삶, 미래를 위해 게임 끊고, TV 끊고 잠 줄여가면서 하나하나 배워 가면 없던 힘도 날 것이다.

나는 243일 동안 다이어트를 하면서 단순하게 체중만 30kg 감량한 것이 아니다. 수없이 반성했고, 나 자신을 돌아봤으며, 현재를 인정하고 미래를 생각했다. 세상에서 가장 쉬운 다이어트에 성공하지 못하면 행복할 것 같지도 않았고, 내 아이들에게 쉽게 포기하는 아빠의 모습을 보여주기도 싫었다. 무엇보다, 인생의 2막이라 할 수 있는 나이에 빈곤한 모습으로 TV에 나오는 노인의 모습이 나의 미래가 될 것 같았다. 그깟 다이어트가 뭐라고 사람을 243일 동안 반성하게 하고 없던 자존감을 높여주었을까?

다이어트하는 사람이 돈 생각을 하긴 했을까? 하루하루 건강한 삶의 매진했을 뿐, 단 한 번도 돈 생각을 하지 않았다. 그런데 블로그나 카페를 통해 다이어트에 관심 있는 사람들이 내 곁으로 왔고, 그들에게 나의 경험을 알려주면서 적당한 비용을 받았다. 그렇게 삶이 점점 나아지기 시작하자 항상 오는 내일이 참으로 설렜다.

2018년에 처음으로 내가 쓴 책 『다이어트, 상식을 깨다』를 출간했고, 2019년에는 두 번째 지서인 『내가 나를 사랑해』를 출간했다. 두 책 모두 엉망인 글이고, 지금 쓰고 있는 글 또한 엉망인 걸 안다. 그럼에도 불구하고 나를 아는 사람들은 "작가님!"이라고 불러준다. 글은 엉망일지 몰라도 치부와 같은 나의 삶은 이제 부끄럽지 않다. 잘 살아서 부끄럽지 않은 게 아니다. 나 같은 사람도 얼마든지 변화할 수 있고, 누구나 마음만 먹으면 부자는 아니더라도 잘 사는 사람이 될 수 있다는 동기를 다른 사람들에게 부여하는 삶을 살고 있기 때문에 부끄럽지 않다는 것이다.

글을 쓰면 작가님이라고 하고, 글쓰기를 가르치면 작가 선생님이라고 한다. 누구나 다 아는 다이어트를 하면서 선생님이라 불렸고, 적지 않은 돈도 받았다. 그럼 나의 아이와 엄마는 나를 어떤 사람으로 소개를 할까? "우리 아빠(우리 아들) 공장 다닙니다."라고 소개를 할까, 아니면 "글 쓰는 작가"라고 소개할까? 호칭이 살면서 그렇게까지 중요한 건 아니지만, 선입견이라는 것이 존재하기 때문에 나도 웬만하면 글 쓰는 작가라고 스스로를 소개한다.

돈은 직장에서 벌면 된다. 직장이 좋아서 다니는 사람보다는 먹고살아야 하기 때문에 어쩔 수 없이 직장을 다니는 사람이 더 많다. 그러나 잊지 말아야 할 것은 영원히 직장을 다닐 수 없다는 현실과 사람에 따라, 또 직장에 따라 아직도 무언가를 할 시간이 남아 있다는 사실이다. 이왕 무언가를 할 것이라면 내가 좋아하는 것도 좋지만 본인에게 조금이라도 가치가 있는 일을 하는 게 좋고, 더 나아가 그것이 돈 벌이가 된다면 더할 나위 없이 좋을 것이다. 나는 직장에서 다이어트를 했고, 다이어트 선생님으로서 돈을 벌었다. 방송 출연으로 출연료도 챙겼고, 1 대 1 코칭으로 수십 명을 지도하면서 수백 만 원을 벌었다. 책을 집필해 인세도 받았고 강연하면서 강연료도 받았다. 그깟 다이어트가 뭐라고.

만약 내가 비만이 아니라 정상 체중으로 살았다면 이런 기회가 생겼을까? 결코 그럴 일 없다고 단언한다. 책 쓰기 코칭 또한 공짜가 아니다. 마음만 먹으면 누구나 작가가 될 수 있다는 걸 알기 때문에, 실력이 부족한 나지만 책을 낸 경험을 적극적으로 알려 책 내기를 원하는 다른 사람을 돕는다. 그리고 그 도움에 대한 비용을 받는다. 그런 경험이 하나 둘 쌓여 삶이 더 나아지는 것이다.

아무것도 하지 않았더니 진짜 아무 일도 안 생기더라. 그러나 무언가를 하니 자꾸 그 일이 더해져 나의 가치가 눈덩이처럼 불어났고, 오늘의 삶이 더해져 내일을 맞이하게 되었다. 이런 삶이 잘 사는 삶이고 행복한 삶이다.

지난 시간은 되돌릴 수 없는 과거다. 과거는 과거일 뿐 그 이상도 이하도 아니기에 추억으로 남기면 된다. 오지 않은 내일은 현재고 미래이기 때문에 이왕 살 것이라면 부족하고 불편한 나의 일부분을 장점으로 극대화시키고, 그 경험을 바탕으로 돈도 벌고 자존감도 높이면 못할 것이 없다. 그런 오늘이 모이면 인생의 2막을 시작할 땐 세상 두려울 게 없을 것이라고 생각한다.

하루 3시간 자면서 10년을 살았다. 머리가 깨질 것 같았고, 그렇게 살면 언젠간 부자가 될 줄 알았지만, 현실은 어제와 오늘이 다르지 않았다. 왜냐하면 그저 직장에 속한 일꾼으로써 주어진 일만 했으니 더 나은 삶이 될 수 없었던 것이다. 지금은 일꾼을 자청하는 대신 미래를 위해 나의 부족함을 하나하나 채워가면서 살아간다. 그러자 세상의 주인공은 내가 맞다는 확신이 섰고, 세상은 나를 빛나게 해줄 아이템 중 하나인 것 같았다. 나 밥 먹고 살라고 농부가 농사를 짓고, 편안하게 운전하면서 실라고 자동차 회사에서 차를 만들고, 도로공사에서 도로를 깔아 준다. 세상의 모든 이치가 나를 중심으로 돌아가니 참으로 멋진 세상이다.

당신을 위한 세상에 살고 있는 당신 역시 결정만 하면 된다. 당신이 꿈꾸는 세상이 있다면, 지금도 늦지 않았으니 현명한 결정을 내리길 응원하겠다. 다이어트를 배우러 온 사람 중에서 실패한 이들은 "다이어트는 하고 싶지만, 먹고도 싶다."라고 말하며 그 유혹에 지고 말았다. 이런 마음을 헛된 꿈이라 한다.

나이를 먹는 이유는 과연 시간이 가서일까? 아니면 와서일까?

2.

언제나 세상은 그 자리에

긍정적인 사람은 하루를 살면서 겪는 모든 일에 감사하고, 부정적인 사람은 모든 일에 불만을 품고 불평을 한다.

그런데 아무 생각 없이 사는 사람처럼 특별한 불만도 없고 감사함 또한 모르는 사람이 있다. 나 같은 경우, 살면서 이 세 가지를 모두 겪었다.

태어나서 고등학교를 졸업하고 20세가 될 때까지는 때 되면 일어나서 학교에 가고, 입으라는 옷 입고, 주는 밥 먹고, 때 되면 잤기 때문에 특별한 생각 없이 살았다.

결혼해서 바보처럼 살았을 때는 내가 가진 모든 것에 불만을 품었고, 만나는 사람마다 나의 불만을 토로했다. 회사에서는 쥐꼬리만 한 월급을 주면서 별의별 일 다 시키고, 몸은 있는 대로 망가진 상태라며 투덜거렸고, 집에서 어린 아이들을 돌볼 때도 많은 고생을 해야 했기에 짜증이 밀려왔으며, 전업주부로 살고 있는 아내를 볼 때마다 같이 맞벌이라도 했으면 하는 마음이 생겼다. 그렇게 속은 썩어만 갔다. 정신이 맑지 않으니 마음 또한 더러워졌고 생각 또한 옳지 못했다. 사지 멀쩡하고, 아이 셋 모두 건강했으며, 아내가 맞벌이에 나서지는 않았지만 집에서 아이들을 돌보며 집안일까지 했으니 불만을 내뱉는 대신 감사를 해야 했다. 그러나 다른 사람들과 말도 안 되는 비교를 하면서 나 자신을 한없이 낮추며 지옥 같은 삶을 살았다.

정신이 서서히 맑아질 무렵, 참으로 많은 것을 가졌고 많은 혜택을 누리며 살고 있다는 걸 새삼 깨달았다. 그동안 참 바보처럼 살았다는 생각에 나 자신이 많이 부끄러웠다. 세상에는 몸이 불편한 사람도 부지기수로 많다. 한 번은 청테이프로 두 팔을 감아도 봤고, 쉬는 날 두 다리와 양팔을 모두 청테이프로 감으며 현재 내가 크게 아프지 않고 사지가 멀쩡하다는 것에 처음으로 진심 어린 감사를 느꼈다. 그 후 부족한 아이라 할지라도 건강하고 사지가 멀쩡한 것에 만족하기 시작했고, 지금 살고 있는 반지하방에서 평생 벗어나지 못할지도 모르지만 더 이상 재물로 인한 불평불만을 갖지 않기로 했다. 현재 건강하고 사지가 멀쩡함에 더 감사함을 느꼈고, 그 감사함이 있다면 무엇이든 못 할 것이 없다고 생각했다.

가난해서 반지하방에 살았지만, 결국 평소 많이 먹었기 때문에 뚱뚱한 몸이 되었다. 그것은 부족해서가 아니라 지나치게 채웠다는 말이고, 가까운 북한이나 빈민국에는 여전히 굶주림으로 사경을 헤매는 사람이 있는 실정이니 다이어트에 실패할 이유를 찾는 게 오히려 어려웠다. 어떤 사람은 굶어 죽는 문제를 해결하면서 살고 있는데, 라면이나 쌀 대신 사과나 양배추, 계란을 먹는 것은 그들에 비하면 호의호식이며 사치가 분명했다. 그러니 다이어트로 30kg쯤 감량하는 건 문젯거리조차 되지 않았다.

처음 책을 쓸 때도, 글을 쓴다는 행위 자체가 큰 축복이라 여겼다. 글을 쓰기 위해선 일단 컴퓨터가 있어야 하고, 두 눈과 두 손이 있어야 한다. 다행히 나에게는 부족함 없이 양손으로 타이핑을 칠 수 있고, 내가 친 타이핑을 볼 수 있는 두 눈이 있었다. 어떤 작가는 사고로 인해 한쪽 팔을 잃어서 한 손으로 글을 썼다고 하는데, 그런 것에 비하면 이 또한 호사라 하지 않을 수가 없다.

세상은 언제나 그 자리에 있다. 변하는 건 오직 나 자신의 마음이고, 보고 싶은 대로 보는 습관 또한 자신의 마음에 있었다. 내 눈에 남의 노력은 보이지 않았고, 세상에서 나 혼자만 힘들게 사는 것이라 여겼다. 물질이 뒷받침되지 않았을 때는 노력에 비례해 짜증과 불만을 토했으니, 이런 한심한 바보는 나 하나로 끝났으면 좋겠다.

서두에도 여러 차례 말했지만, 대한민국에 태어났다는 것만으로도 큰 행복이다. 없이 살아도 병원 갈 수 있고, 빚이 있어도 국가에서 도움을 주며, 아이가 태어나면 예방접종부터 시작해 각종 도움을 준다.

요즘 유행하는 말이 있다.

"라떼는 말이야(나 때는 말이야)…"

국가발전을 위해 어린 부부가 아이를 셋이나 낳았지만 국가의 도움을 받아 예방접종을 받은 적도 없고, 자식 많이 낳았다고 지원금을 받은 적도 없다. 과거 대한민국보다는 지금의 대한민국이 훨씬 좋고, 미래의 대한민국이 발전할 것을 믿는다. 이렇게 정말 좋은 국가에서 태어나 산다는 것 하나만으로도 큰 행복이 아닐 수 없다.

위기의 50대라는 말을 심심치 않게 들을 수 있다. 대한민국 국민 중 가장 큰 비중을 차지하고 있는 50대는 가장 많은 돈을 벌지만, 가장 많은 지출을 한다. 위로는 부모님 건강을 생각해야 하고, 아래로는 아이들 학업을 책임져야 하는 시기이기 때문이다. 여기에 본인의 건강도 점점 나빠지고, 직장 또한 위태롭다 못해 대부분 은퇴하는 시기이기도 하다. 지금의 직장도 월급이 적다고 말하고 각종 여건이 마음에 들지 않는다며 투덜거리는데, 만약 50대에 여러 가지 이유와 압박을 견디다 못해 직장을 그만두게 되었다면? 누가 그런 50대를 구할까? 젊디젊은 20대 청년들도 일자리를 구하지 못해 발 동동 구르는 세상임을 고려하면, 은퇴한 50대가 새로운 직장을 구하는 건 어려운 일이다. 그뿐만 아니라 은퇴 전 직장에서 받던 돈의 절반도 받지 못하게 될 가능성이 높다. 지금도 생활비가 부족한 마당에, 절반의 월급으로 살아야 한다면 그 삶 또한 재미없을 게 분명하다.

지금은 TV를 보지 않고 게임을 하지 않지만, 바보처럼 살았을 때 나의 일과는 아주 생각 없는 하루였다. 아침에 눈 떠 회사에 출근하고, 퇴근하면 집에 와서 저녁 먹고, 밥상 물리면 자정을 훌쩍 넘길 때까지 TV를 보는 동시에 게임을 했다. 주말에는 있는 대로 늦잠 자고 일어나 차려주는 밥이나 대충 먹고 평일에 놓친 드라마를 다시 보기로 보면서 게임을 했다. 가끔 지인을 만나 술 마시면서 말도 되지 않는다며 세상을 욕하고, 나의 삶을 욕하면서 스트레스를 푸는 게 다였다.

돈이 없어 가난한 줄 알았다. 그러나 조금씩 세상이 보이기 시작하자 깨달은 것이 있었다. 돈 없어 가난한 게 아니라, 가난한 삶을 살았기 때문에 돈이 없다는 걸 말이다. 뚱뚱해서 몸이 불편한 것도 아니고, 불행하게 살아서 미래가 없는 것도 아니다. 다만 현재의 삶에 만족하면서도 입으로는 만족 못한다고 말하고 다녔기 때문에 삶을 그렇게 만든 것이다.

생각은 말이 되고, 말은 행동이 되며, 행동은 습관이 되어 삶이 된다고 한다. 지금 자신의 모습을 기반으로 10년 뒤의 모습을 상상해 보면 아주 끔찍할 수도 있고, 생각하는 것만으로도 행복할 수 있다. 나는 현재 45세다. 10년 후에는 55세가 된다. 여기에 부모님과 나의 아이들의 미래까지 상상해 보자. 지금보다 더 좋을 수 있을까? 아이도 10년이란 시간이 지난 만큼 성장하겠지만, 부모님은 상대적으로 늙는다. 아이가 성장하는 것도, 부모님이 늙는 것도 막을 방법은 없다. 그러나 나 스스로를 성장시키는 일은 얼마든지 할 수 있다. 비만이라면 비만을 해결하고, 불안한 미래가 눈에 보인다면 시간을 때우지 말고 썼으면 좋겠다. 늙어가는 부모님이 나와 당신에게 무엇을 바랄까? 또 당신은 당신의 아이에게 무엇을 바라는가?

아이를 셋이나 낳았고 같은 시대를 살아가지만, 내가 아이들에게 바라는 건 얼마 없다. 그저 건강하고 스스로 행복한 길을 찾아 살아간다면 더할 나위 없다. 이 글을 읽는 누구나 공감하는 말이라고 생각한다. 하지만 이 짧은 바람이 정말 이루기 어렵고, 이루기 위해선 엄청난 노력을 해야 한다는 걸 누구보다 잘 알고 있다. 결국 이것은 작은 소망이 아니라 아주 큰 소망이라 할 수 있다. 나의 엄마 또한 나와 같은 소망을 가지고 있을 것이다. 결국 내가 아이들에게 모범을 보이며 건강하고 행복한 삶을 산다면 부모님의 소원을 들어준 셈이 되고, 훗날 아이의 소원 또한 들어준 셈이 된다.

세상은 언제나 그 자리에 있다. 세상에 나 혼자 있는 것도 아니기 때문에 세상이 내 곁으로 찾아올 수는 없지만, 내가 세상의 곁으로 갈 방법은 얼마든지 있다. 인생의 2막이 두렵다면 피해갈 것이 아니라 맞서 싸우자. 그 과정을 통해 성장하면서 전에 없던 세상을 조금씩 내 것으로 만든다면 그것이 행복한 삶이라 확신한다.

뚱뚱했다. 다이어트를 하면서 전에는 하지 못한 경험을 했고, 헤아릴 수 없을 만큼 소소한 즐거운 일을 겪었다. 맞춤법도 모르는 사람이 책을 집필했고, 그 과정에서 잊고 살았던 허접한 과거가 큰 힘이 될 수도 있다는 것을 알았다.

집 앞에 공원이 있다. 이 공원은 화성으로 이사 오기 전부터 있었고, 앞으로도 당분간은 있을 예정이다. 유유자적 산책하면서 과거를 생각하고, 현재의 나를 알고, 미래를 상상한다. 평소 바쁘게 살면서 듣지 못했던 바람 소리, 새소리를 듣고, 지나가는 사람의 표정을 보면서 살아있음을 느낀다. 이렇게 좋은 공원을 만약 내가 이용하지 않는다면? 이 공원은 내게 있으나 마나 한 공원이 된다.

세상은 나를 위해 움직이지 않지만, 내가 직접 다가가면 세상 전부를 내 것으로 만들 수 있다. 하루 24시간을 똑같이 살아도 행복하게 사는 사람이 있는가 하면 불행하게 사는 사람도 있다. 이 역시 본인 스스로 결정했을 뿐, 누가 강요하지 않았다.

행복하게 살고 있지만, 더 행복하게 살고 싶다. 그러기 위해서는 해야 할 일이 있다.

엄마가 최대한 덜 아프면 더 행복할 것 같기에 만날 때마다 잘 사는 모습 보여드리고 싶다.

나의 아이 모두 각자 행복한 삶을 찾는다면 지금보다 더 행복할 것 같기에 행복으로 가는 어두운 터널을 앞서 걸으며 아이들이 그 길을 스스로 걷게끔 유도하고 싶다.

이기적이라고 해도 좋다. 나 자신이 먼저 행복해지기 위해서 방해되는 요소는 모두 찾아내서 고치고, 죽는 그 날 진심으로 웃으며 잘 놀다 갔다고 말할 테다.

그것이 내가 오늘도 세상을 향해 걷는 이유다.

3.

혼자일 때도 괜찮은 사람

누구나 알고 있듯이 세상은 절대로 혼자 살 수 없다. 누군가는 정치를 해야 하고, 누군가는 막노동을 해야 한다.

사람을 다른 말로 '인간(人間)'이라고 한다. 사전에 보면 여러 뜻이 존재하지만, 한자를 소리 나는 대로 쓰면 '사람 사이'라 할 수 있다. 이처럼 사람은 본래부터 혼자 살 수 없는 존재이다. 그래서 그랬을까? 본능인지 학습인지는 모르겠지만, 사람들은 남들에게 더 잘 보이기 위해 안간힘을 쓰며 산다. 화장하거나 멋진 옷을 입고 싶어 하고, 관심받기 위해 별의별 것을 다하며 사는 것 같다. 블로그나 유튜브 등 각종 SNS를 보면 예쁜 곳에 놀러 다니며 행복하다는 표현을 하고, 먹기도 아까울 만큼 예쁜 음식 사진을 SNS에 올리며 자랑 아닌 자랑을 한다. 심지어는 본인 얼굴조차 앱을 이용해 최대한 예쁘게, 본인이 돋보일 수 있도록 찍어 올리기도 한다.

사람은 태생적으로 여러 사람과 더불어 살아야 한다. 그래서 다른 사람들에게 관심을 받고 싶은 마음은 어느 정도 이해는 하지만, 요즘은 해도 해도 너무하는 것 같아 보기가 마냥 좋지만은 않다. 처음 블로그를 했을 때는 자괴감이 들었다. 이웃 블로그의 포스팅을 보면 매일 좋은 음식을 먹고 좋은 곳으로 여행하면서 행복하게 사는 것처럼 보였고, 나의 삶은 초라해 보였다. 그래서 잠깐이지만 상대적 박탈감도 느꼈다.

나는 나만의 삶을 산다. 바보처럼 살았을 때는 '남이 나를 어떻게 볼까?' 하는 마음에 의식하며 살았더니 나의 삶이 피폐해졌다. 사람으로서 해서는 안 될 짓까지 시도한 후 더는 남 의식을 하지 않았고, 앞으로도 그렇게 살 마음은 없다.

남의 시선으로 내 인생을 바라보지 않고 오롯이 나만의 방식으로 살아가면 세상 살기 매우 편하다. 블로그를 하고 유튜브를 하면 듣기 좋은 댓글도 있지만, 나와 가치관이 다른 사람이 불편한 댓글을 남기기도 한다.

사람이 사람을 죽일 때 꼭 칼로 사람을 베서 죽이는 건 아니다. 사람의 말과 글에는 힘이 있다. 어떤 글은 사람을 살리기도 하지만, 어떤 글은 사람을 죽이기도 한다. 댓글 또한 마찬가지라 생각한다. 실제로 연예인 중 댓글에 상처를 받아 생을 마감하는 사람도 몇 명이나 나왔다. 나또한 나쁜 댓글에 기분 좋을 리 만무하지만, 그렇다고 해서 상처받지는 않는다. 왜냐하면 일단 나에게 관심이 있는 사람이기 때문이다. 악평을 하더라도 그저 감사할 뿐이고, 나와 그가 다름을 인정하며 더는 그의 댓글에 관심을 두지 않고 내 할 일 묵묵히 하면 된다.

다이어트를 시작했을 때 243일간 거의 혼자였다. 웬만하면 누구도 만나지 않았다. 사람은 남과 만나면 반드시 무언가를 먹게 되어있다. 사람을 잃더라도 다이어트에 성공해서 정상적인 체중을 얻고 싶었다. 그것을 위해 그 무엇이라도 바치겠다는 각오가 있었다.

여전히 글을 잘 쓰지 못함을 알고 있다. 세상에는 나보다 글 잘 쓰는 사람이 차고 넘치는 걸 안다. 반면에 나보다 글 못 쓰는 사람 또한 많이 있다. 내가 책을 쓰는 이유는 나의 삶을 나누고자 하는 것에 있을 뿐, 글솜씨를 겨루고자 함이 아니다. 만약 사람들의 시선을 의식했다면 결코 책을 쓸 수 없었을 것이고, 작가의 삶도 살지 못했을 것이다.

사람은 아는 사람으로부터 가장 큰 상처를 받는다. 생판 모르는 사람에게 상처를 받기보다는 평소 믿었던 사람에게 상처를 받고 속상해한다.

"내가 그동안 너에게 얼마나 잘해줬는데! 네가 어떻게 그럴 수 있어?"

흔히 하는 말이다. 그래서 나는 상대방이 내게 잘해주든지 못해주든지 상대방에게 기대 자체를 하지 않는다. 기대하지 않으면 실망할 일도 없다. 그리고 상대방이 아무리 좋아도 먼저 다가서지 않는다. 내가 가는 길에 상대가 다가온다면 마다하지 않고, 또 떠나간다고 해도 잡지 않는다. 이런 태도 덕분에 사람으로 인해 상처받아 삶에 위기가 온다거나 흔들리거나 하는 일이 없다.

경마할 때도 사람이 모였고, 다이어트할 때도 그랬다. 나는 스스로 하고자 하는 일을 했을 뿐인데, 그들이 알아서 내게로 왔다. 경마 정보를 알려달라고 하면 알려주었고, 다이어트에 대한 질문을 해오면 성심성의껏 답변해주었다. 세상은 분명 더불어 살아야 하고 혼자 살 수 없지만, 사람에게 쉽게 상처받는 스타일이라면 혼자일 때도 괜찮은 사람이 되어야 한다.

우울한 사람의 특징은 할 일이 없는 사람이라는 것이다. 하릴없이 걱정에 걱정을 더하니 우울하다는 생각이 든다. 하지만 마음 가는 일이 계속해서 들이닥치면 우울해지고 싶어도 우울할 수가 없다. 예를 들어 짝사랑하는 사람이 생겼다고 해보자. 눈 떠서 눈감을 때까지 계속해서 그 사람 생각만 나는데 어떻게 우울할 틈이 생길까?

만약 이 책이 내일 서점에 배포된다는 이야기를 출판사로부터 들었다면? 밤새 잠 못 이룰 만큼 행복해서 우울했어도 금방 나아질 것 같다.

외롭기 때문에 연애한다. 그런데 막상 연애하면 더 외롭다고 말한다. 그 이유는 상대방에게 바라는 것이 있기 때문이다. 아이를 키우며 사랑을 주었다고 해서 외롭다고 말하는 엄마는 없다. 무언가를 바라면 외롭기 마련이다. 사람은 혼자 있어도 외롭지만, 여럿이 있어도 외롭기는 마찬가지란 말이다. 그런데 가치를 올리는 행동을 했을 때는 이야기는 달라진다. 다이어트를 시작하고 체중을 10kg쯤 감량했을 때, 사람들을 만나지 못한다고 외로웠을까? 목표 체중까지 감량한 다음 만나서 깜짝 놀라게 해주겠다는 상상에 세상 행복했다.

약점을 강점으로 만들기 위해선 피나는 노력까지는 아니더라도 적어도 남들처럼 해서는 안 된다. 부잣집에서 금수저 물고 태어났다면 노후 따위를 준비할 필요나 이유가 없다. 하지만 평범하게 살아간다면, 학교 다니고 직장 다닌 후 은퇴라는 세상과 마주해야 한다면 적어도 직장에서 직업을 구해야 한다. 직장에 다니면서 직업을 구하라고 하면 지금도 바빠서 미칠 지경이라고 답할 수도 있다. 하지만 직장에 다니면서 직업을 구하지 못한다면 남은 인생의 2막은 절망에 빠져 미칠 수도 있다는 생각을 해야 한다. 이왕 미칠 것이라면 좀 더 젊었을 때 미치는 게 좋지 않을까? 적어도 힘은 덜 빠질 것이니까. 그러니 웬만하면 직장에 다닐 때 미친 척하고 직업까지 구했으면 좋겠다.

평범하게, 아주 평범하게 남들처럼 살고 싶었다. 남들 다 사는 아파트에 살고, 남들 다 끌고 다니는 중형차 정도 몰면서, 가끔 여행 가고, 가끔 친구들 만나 자식과 아내 자랑, 회사에서 받는 연봉 자랑하면서 어깨에 힘 빡 주는 평범한 삶을 살고 싶었다. 그러나 그것이 얼마나 헛된 꿈인지를 알게 된 후 남의 만족에서 나의 만족으로 방향을 바꾸었고, 삶이 편안해졌다. 내가 원하는 것이 무엇이든 잘해야겠다고 생각하는 대신 일단 시작해 보자는 생각 덕분에 뭐든 쉬웠다. 그 결과 다이어트에 성공해 다이어트 선생님으로 살았고, 책을 출간하면서 작가의 삶을 살았으며, 스피치 공부를 하고 심리상담 공부를 하면서 마음이 아픈 사람을 위해 작은 도움이나마 줄 수 있는 역량을 갖추고자 했다. 남을 의식하는 순간 내가 잘할 수 없다는 생각이 생기고 나 자신을 최대한 낮추게 된다. 자존감 역시 바닥으로 떨어져 온전한 내 인생과 삶이 없어지므로, 나 자신만의 삶을 살아야 한다.

인생 1막은 세상이 원하고 남들 하는 걸 흉내 내는 걸 참고 했지만, 인생 2막은 세상을 바꾸겠다는 마음으로 살고 싶다. 글을 못 쓰더라도 누구나 작가의 삶을 살 수 있는 인생, 다이어트는 운동이라는 선입견을 버리고 운동 없이 살을 뺄 수 있다는 사실, 나를 사랑하는 마음 하나만으로 모든 걸 할 수 있다는 믿음을 심어주는 등 선한 영향력을 넓게 펼치고 싶다. 평범하게 남들처럼 살고 싶었지만, 그만큼 아팠고 상처는 깊었다. 그러나 인생 2막이 시작되었을 때 기쁜 마음으로 받아들이면 그동안 준비했던 나만의 인생이야기가 새롭게 펼쳐질 테고, 선한 마음으로 더불어 살아간다면 그것이 세상을 바꾸는 것이라 할 수 있겠다.

몇 년 전까지만 해도 우울하게 살았다. 그래서 우울하게 사는 사람이 있다면 나 같은 사람도 행복한 삶을 살고 있으니 당신 또한 행복한 삶을 사시라고 말하고 싶다. 안 태어났으면 모를까 이왕 태어났다면, 가장 행복하게 살아야 할 50대부터는 평소 하고 싶었지만 가족을 부양하기 위해 잠시 미루어 놓았던 삶을 살아야 한다.

사람이 100세를 산다고 치면 절반인 50대부터는 몸 여기저기가 망가질 시기라고 생각한다. 갓 태어난 아이는 성장이란 단어를 쓰면서 뼈대도 굵어지지만, 50세가 되면 성장이 아닌 노화가 급격하게 이루어지기 때문에 힘으로 하는 일보다는 그간의 삶을 바탕으로 노하우라는 이름의 능력을 사용해 살아야 함이 마땅하다. 혼자 살면 외롭고 고독하기 때문에 빈곤층에 있는 노인은 대부분 고독사한다고 한다. 지금 이 순간, 그 누구도 아닌 당신을 위해 가치를 키우지 않는다면 뉴스에 나오는 노인 문제가 당신의 문제가 될 수 있다고 말하고 싶다.

젊었을 때는 혼자여도 괜찮은 사람이야말로 아주 멋진 사람이다. 본인만의 가치를 키우기 위해 하고 싶었던 공부도 하고, 비만이라면 다이어트도 좀 하면서 건강을 챙기고, 근육 손실을 방지하기 위해 운동도 하고, 1년에 책 12권 정도 읽고, 오늘 하루 있었던 일을 정리해 일기도 좀 쓰면서 살아야 한다. 이 일은 누구도 대신해 줄 수 없기 때문에 본인 스스로 해야 하며, 이런 삶을 사는 사람은 누가 봐도 멋있다. 본인 스스로 봐도 멋있다고 느끼지 않을까 싶다. 이런 하루가 일 년이 되고, 십 년이 된다면 인생 2막이 왔을 때 당신을 좋아해 주는 사람의 수가 늘어나 있을 테니 외롭거나 고독할 일은 없다 하겠다.

4.

이 또한 지나가지 않는다

"이 또한 지나가리니."라는 말은 너무 기뻐 기쁨을 주체 못하거나 상심으로 삶이 우울할 때 흔히 사용한다. 21세기를 살아가고 있는 현재, 어느 정도는 맞는 것 같다. 사람이 살면서 항상 좋은 일만 있는 것도 아니고, 또 항상 안 좋은 일만 생기지도 않는다. 때로는 기분 좋다가도 금세 나쁜 일도 생기는 것이 인생이라 어쩌면 더 살맛이 나는지도 모를 일이다. 매일 기분 좋은 일이 생기면 당연시하기 때문에 기분 좋은지도 모른 채 넘어갈 테고, 매일 슬픈 일이 생기면 감당하기 힘들 것 같다. 그래서 나는 좋은 일과 나쁜 일이 번갈아 생기는 게 이 세상이 살맛이 난다고 생각한다.

어린 시절, 12세 때 아빠가 일찍 돌아가신 뒤로 삶이 녹록지 않았다. 하지만 그 시절은 대부분 가난하게 살았던 시기라 나 자신이 가난하게 사는 줄도 몰랐고, 딱히 삶이 불편하거나 하지도 않았다. 그렇게 10년 지나고 첫 아이가 태어난 후에야 처음으로 뼈저리게 나의 삶이 가난하다고 느꼈고, 가난의 고통이 생각보다 큰 것임을 깨달았다. 받는 월급은 월세, 전기세, 가스비, 수도세를 비롯한 각종 공과금과 기저귀, 분유, 생필품 등에 들어가는 생활비를 감당하기에도 벅찼고, 아이의 예방접종이 있는 달에는 어쩔 줄 몰라 당황한 적도 있었다.

지금이야 저렴한 도시가스나 지역난방을 하지만, 당시만 하더라도 기름보일러였기 때문에 겨울만 되면 어떻게 겨울을 나야 할지 막막하기만 했다. 어린 부부가 아이를 낳아 기르며 살아간다는 것 자체가 어쩌면 고행이었던 건지도 모른다. 요즘 부부는 정부 지원이 넘쳐남에도 아이 하나 키우는데 돈이 너무 많이 들어간다 하소연이니, 24년 전은 오죽했을까 싶다. 삶이 너무 힘들다고 주위 사람들에게 이야기하면 가장 많이 돌아오는 대답이 "그러니까 능력도 없으면서 무슨 애를 그렇게 많이 낳았어!"였다. 맞는 말인지도 모르겠다. 대한민국 국민 대다수가 그렇게 생각하고 있으니 너도나도 결혼을 미루고 있고, 결혼을 했더라도 아이를 낳지 않으니까!

지금 대한민국에서 가장 큰 문제는 출산율과 고령화다. 100세 시대에 너도 나도 아이 낳기를 거부하니 젊은 사람의 수보다 노인의 수가 압도적으로 많아 결국 사회적 부작용이 심각한 수준에 이르렀다. 2020년인 지금도 이런데 앞으로 20년 후 대한민국은 어떻게 될지 눈앞이 막막하다. 올해 초등학교를 졸업한 막내의 졸업식에 참석했다. 한 반의 학생 수가 평균 27명이었다. 20년 후에는 10여 명 남짓에 불과할 것으로 보이는데, 현재 대한민국 국민 중 대다수를 차지하고 있는 50대와 40대는 70대가 되고 60대가 된다. 현재도 60세가 되면 일자리 구하기가 하늘의 별 따기고, 70대는 아예 일자리 구하기를 포기하는 실정이다. 지금도 먹고사는 문제를 걱정해야 하는 판국인데, 지금의 4~50대가 6~70세가 되는 20년 후 그들의 삶은 상상 그 이상을 경험하게 될 것으로 보인다.

어리거나 젊을 때는 삶이 즐겁든 괴롭든 "이 또한 지나가리라." 할 수 있지만, 대책 없이 오늘을 살면서 20년을 보내면 노년에 어려움이 닥쳤을 때 절대 "이 또한 지나가리라." 하면서 버틸 수 없다.

또 하나 알아 두어야 할 사실은, 일가친척이 있어도 왕래할 일이 없다 보니 남보다 못한 사이가 되고 있으며 옆집에 어떤 사람이 사는지도 모르는 이가 늘어나고 있다는 사실이다. 거기에 출산도 하지 않고 살아가니 누구 하나 자신을 돌봐줄 사람이 없다. 결국 모든 것을 오롯이 혼자 감당해야 하는 사람의 수도 점점 늘어나고 있다.

아빠가 돌아가시고 엄마와 살면서 친가와 연락이 끊어졌다. 그나마 외가와는 연락하고 지내고 있지만, 얼마 전 외할머니가 돌아가신 후에는 만나는 수가 확연하게 줄었다. 세월이 지나 엄마까지 돌아가시면 외가하고도 자연스럽게 인연이 끝나지 않을까 싶다. 만약 그렇게 된다면 남은 식구는 하나밖에 없는 내 동생과 내 가족이 전부다. 그나마 나는 아이를 셋이나 낳았고, 만약 나의 아이가 결혼이라도 해서 아이를 낳는다면 적어도 남들보다는 덜 외로울지도 모르겠다.

결혼하는 건 개개인의 자유다. 물론 아이를 낳는 것 또한 자유이다. 하지만 현실을 직시하는 눈이 조금은 필요하지 않을까 싶다. 만약 위에 나열한 문제가 자신의 문제로 인식이 된다면, 지금이라도 상황을 바꿀 수 있다. 노인 인구의 50%는 생활고에 시달리거나 고독에 시달리고 있다고 하는데, 20년 후에는 50%가 아닌 90%가 해당할 수 있다. 그러니 인생 2막을 지금부터라도 준비해야 한다고 힘주어 말하고 싶다.

과거에도 힘들게 살았고 여전히 힘들게 살고 있다면, 앞으로도 힘들게 살 확률이 높다. 과거는 어쩔 수 없다 쳐도 미래는 본인의 마음 먹기에 따라 달라질 수 있다는 희망을 품을 수 있다. 그러니 오늘 하루를 허투루 살아서는 절대 안 된다. 지금 당장 게임이 재밌고 TV 드라마나 예능 프로그램이 재밌다고 해서 넋 놓고 사는 것보다, 아침 눈떠서 산책도 하고, 마음의 안정도 찾고, 스스로에게 질문하고 대답하는 시간이 훨씬 가치 있는 시간이라 하겠다.

뚱뚱하면 많은 부작용이 있다. 숨 쉬는 것부터 시작해 움직이기 매우 불편하고, 100만 가지의 비만 부작용으로 인해 언제든 아플 수 있다. 관절 또한 정상 체중인 사람보다 빨리 망가질 수 있어 아름다운 대한민국을 돌아보기 힘들 수도 있다.

이렇게 뚱뚱한 사람이 가장 먼저 할 일이 무엇일까? 기도일까? 아니면 나중에 시간 되면 다이어트를 해야 할까? 그것도 아니라면 그냥 그렇게 살다 죽도록 내버려 둘까? 답은 딱 한 가지뿐이다. 그 답을 누구나 알고 있지만, 대부분의 비만인은 행동으로 옮기지 않는 아주 이상한 공통점이 있다. 그리고 행동으로 옮기지 않아야 하는 핑계나 변명을 100만 가지나 가지고 있다는 것이다.

뚱뚱해서 몸이 아프고 불편하다고 스스로 느끼면, 가장 먼저 해야 할 일은 '인정'하는 것이다. 비만은 질병이라는 걸 인정하고 치료는 다이어트라는 걸 인정해야 한다. 그리고 그동안 평소 먹었던 음식 일체를 끊고 평소 먹지 않았던 수천만 가지의 자연식품을 먹으면 정상인의 몸으로 돌아갈 수 있다. 그 결과 건강이 놀라울 정도로 좋아지고, 정상 체중으로 사는 삶을 만끽할 수 있다. 입고 싶었던 옷을 마음껏 입으면서 뚱뚱했을 때 떨어진 자존감을 올리고 제2의 인생을 누리면, 그것이 행복이고 가치라 하겠다.

인생 2막이 전혀 걱정이 없다면 따로 준비할 필요가 없지만, 인생의 후반전인 인생 2막이 불안하고 두렵다면 가장 먼저 해야 할 일 또한 '인정'

하는 것이다. 나이 먹어서 "이 또한 지나가리니." 하면서 기도하는 것보다는 "이것은 지나가지 않는다."라는 사실을 인정하고 불편했던 삶의 일부를 180도 바꿔야 미래도 달라지기 마련이다. 삶에는 돈도 중요하지만, 그보다 건강이 우선이다. 건강하고 사지가 멀쩡하다면 세상에 못할 게 무엇이 있을까 싶다. 누군가는 다이어트가 가장 어렵다고 했지만, 30kg을 감량해본 나는 다이어트가 가장 쉬웠다. 왜냐하면 맛있는 걸 포기하고 사과, 양배추, 약간의 삼겹살과 함께 먹는 엄청난 양의 야채를 감사하면서 먹었기 때문이다. 또 점점 날씬해져 가는 내 모습을 보면서 만족했기 때문에 243일간 못할 이유 또한 없었다. 그래서 쉬웠다고 말하는 것이다.

다이어트할 때 더는 뚱뚱하게 살고 싶지 않았다. 조금만 걸어도 숨이 턱 밑까지 차서 헉헉거렸고, 아무리 비싼 옷을 입어도 툭 튀어나온 배로 인해 옷의 태가 전혀 나지 않았으며, 어떤 병으로 병원에 가면 무조건 다이어트부터 하라는 말을 듣는 것도 지겨웠다. 어느 날, 상황을 바꾸지 않는다면 10년 후나 20년 후에도 뚱뚱할 것 같았고, 운이 좋아 30년을 더 산다고 해도 비만 합병증으로 인해 지옥 같은 나날을 보낼 것 같다는 생각이 들었다. 그래서 어차피 한 번은 할 다이어트라면 지금 당장 시작하자는 마음으로 행동으로 옮겼다. 그렇게 243일간의 다이어트 여행이 시작되었다.

인생 2막 또한 다이어트와 같았다. 더는 가난하게 살기 싫었다. 태어나서 지금까지 쭉 가난하게 살았기 때문에 인생 2막은 죽어도 가난에 파묻혀 살고 싶지 않다는 간절한 마음이 있었다. 가난을 인정했고, 가장 먼저 할 수 있는 일이 무엇인지 생각했다. 아무것도 하지 않으면 아무런 변화가 없기 때문에 무엇이든 하려고 했다. 그렇게 찾은 것이 경마였다. 물론 경마를 하시라는 말씀을 드리는 게 아니다. 본인의 가치를 올리는 것이라면 무엇이라도 좋으니 시작하라는 말이다. 아무것도 하지 않은 채 소중하고 귀한 하루를 날려버리지 말았으면 한다.

지금 못하면 내일도 못 하고, 내일도 못 하면 죽는 그 날까지 못한다. 세상에 가장 필요 없는 말이 '다음에'라면, 가장 필요하고 중요한 말은 '지금, 이 순간'이다. 경주마 중 '지금, 이 순간'이라는 마필이 있다. 경매가 아닌 개별가로 팔린 허접한 말이었지만, 경마를 통해 최고의 명마 반열에 들어 현재는 씨수말로 활동 중이다. 경마할 때도 가장 좋아했던 말은 '지금, 이 순간'이고 내 인생을 바꾼 문장 또한 '지금, 이 순간'이다. 지금, 이 순간이 모여 오늘이 되고, 오늘이 모여 20년 후 나의 모습이 된다는 것을 명심했으면 좋겠다.

5.

시간을 때우지 말고 써야 하는 이유

매일 글을 쓴다. 블로그에 일기처럼 쓰는 글도 있고, 책 집필을 위해 쓰는 글도 있다. 이왕 쓰는 글이라면 공감하는 사람의 수가 많았으면 좋겠고, 베스트셀러가 되었으면 좋겠다. 그러나 공감하는 사람이 없더라도, 또 베스트셀러가 되지 못하더라도 글쓰기를 멈출 생각은 없다. 사람이다 보니 나 또한 욕심이 많았고 전혀 없다면 거짓말이라고 할 수 있지만, 살아가는 동안에는 욕심을 버리려고 최대한 노력할 생각이다.

한때는 내가 하는 모든 일에서 인정받고 싶었고 더 나아가 성공하고 싶었다. 성공하지 못할 일이라면 처음부터 하지 않아야겠다는 마음이 앞서 정작 시도조차 못한 일이 부지기수였고, 그 수가 늘어날수록 점점 아무것도 하지 않게 되었다. 무기력증이란 것을 겪어보지 않은 사람은 없다고 생각한다. 사람이라면 누구나 한 번쯤은 겪어봤을 법한 병 아닌 병이고, 내가 나를 죽이는 무서운 증상이 있다는 걸 알게 된다. 직장을 다니면서 회사에 바라는 것이 없고, 글을 쓰면서 어떠한 대가를 원한 적 없다. 다만 내가 하는 행동 하나하나가 크든 작든 인생에 있어 플러스가 된다고 생각하면 못할 이유도 없다고 생각했고, 오히려 하지 않으면 손해가 될 것 같다는 생각이 들었다.

이렇게 긍정적으로 하게 된 이유도 있는데, 조금만 생각해보면 그 이유를 알 수 있다. 재산이 많든 가난하든, 힘이 있든 힘이 없든, 사람의 힘으로 지나가는 시간을 막을 방법은 없다. 그러나 부자나 권력이 있는 사람은 가난하고 힘없는 사람보다 시간 활용을 더 잘하고 있다는 사실을 인정하지 않을 수 없다. 부지런한 사람은 그렇지 않은 사람보다 금전적으로 더 부유할 확률이 높다는 것이다. 태어났을 때부터 부자인 사람은 어떻게 살든 부자로 살아가겠지만, 보통 사람들은 시간을 때우지 말고 반드시 쓰면서 살아가야 한다. 그래야 부자는 아니더라도 비참한 노후는 맞이하지 않는다는 것이 나의 생각이다.

뚱뚱하지만 몸 자체는 건강한 사람이 있다고 치자. 지금은 뚱뚱해도 건강할 수 있지만, 언제든 비만으로 인해 아플 확률이 높아지는 건 누구도 부정할 수 없다. 그리고 웬만한 비만인은 이미 아픈 몸으로 살아가고 있다. 비만으로 인해 생긴 질병을 완치할 수 있는 유일한 방법은 비만에서 벗어나 정상 체중을 만드는 것이다. 누구나 알고 있지만, 하루아침에 정상 체중을 만들 수 있는 방법은 없다. 마른 사람은 몸이 마를 수밖에 없는 행동을 하기 때문에 마른 몸으로 사는 것이고, 비만은 비만이 될 수밖에 없는 행동을 하기 때문에 비만으로 살아간다. 다이어트를 하기 전에 이런 삶 자체를 180도 바꿔야만 비만 탈출이 가능하다. 가난을 포함 삶의 아픔도 하루아침에 달라지지 않는다. 그렇기 때문에 시간을 들여서라도 매일 꾸준히 자세를 바꿔 가는 습관이 중요하다.

아침에 눈 떴을 때 재빨리 일어나는 사람이 있는 반면, 뭉그적거리면서 '5분만 더 잘까?'라는 생각에 못 일어나는 사람도 있다. 과거에 나는 뭉그적거리다 못해 영원히 자고 싶다는 생각을 했고, 마지못해 일어날 때는 입에 걸레를 물은 사람처럼 있는 짜증 없는 짜증 다 냈다. 그리고 하루의 첫마디를 욕으로 시작했다. 그러나 지금은 잠 자체에 깊은 의미를 두지 않는다. 새벽 2시에 눈을 뜨던 아침 7시에 눈을 뜨던 전혀 개의치 않고 이불을 박차고 나와 하루를 생각하고 곧바로 행동한다. 독서를 하고 있을 때 누군가가 "책이 밥 먹여 주냐?"라고 묻는다면 "독서를 하지 않으면 밥 먹여 주냐?"라고 되묻는다. 다이어트도 밥을 먹여주지 않지만, 안 한다고 해서 먹여주지도 않는다. 책 집필 또한 마찬가지라고 생각한다.

이왕 태어났다면 불편한 삶을 개선하면서 사는 것도 나쁘지 않고, 개선하는 과정에 들이는 시간 또한 전혀 아깝지 않다. 그리고 그런 생각 덕분에 하루의 삶이 즐겁다 못해 행복하다고 말할 수 있는 것이다.

하루아침에 인생 2막을 준비할 수는 없다. 대부분의 사람이 직장에 다니면서 만족하지 못하고, 불평불만이 더 많다. 그런데 정작 은퇴하는 시점이 되면 다니고 있는 직장이 있다는 것 자체가 얼마나 행복한 일이며, 얼마나 소중한 일터였는지를 알게 된다. 그때 후회해도 인생 2막은 비참할 것이 불 보듯 뻔하다.

그러나 다이어트를 하듯, 또는 책 한 권을 집필하듯 지금부터 은퇴하는 날까지 인생 2막에 대해 고민하고 행동한다면 당신의 인생 2막은 지금보다 더 행복하다고 감히 말할 수 있다. 나의 의지와 상관없이 태어났지만, 이왕 태어난 삶이니 스스로 만족하는 삶을 살아야 하지 않겠는가? 오늘이 걱정이고 내일이 걱정인 삶은 재미가 없을뿐더러 불행 그 자체다. 그러나 오늘보다 내일이 기대되고, 내일보다 미래가 설레는 삶은 행복하지 말라고 해도 행복한 삶이 된다.

시간 때우기 위해 여행을 가는 사람을 본 적이 없다. 있는 시간 없는 시간 쪼개서 여행을 떠나 추억 만들고 행복을 찾는 것처럼, 스스로가 원하는 삶을 반드시 시간 내서 찾아야 한다. 비만이 걱정이면 다이어트하면 되고, 가난이 걱정이면 돈을 더 벌든 아껴 쓰든 하면 되며, 아이의 미래가 걱정되면 본인이 먼저 행복한 삶을 살면서 행복한 환경을 만들어 주면 된다.

사람들은 다이어트가 힘들다고 말하고 육아가 힘들다고 말하면서도, "여행은 힘들어서 두 번 다시는 못 가겠다."라고는 결코 말하지 않는다. 여행에서 얻는 것도 있겠지만, 감히 다이어트와 육아에 비할 수 있을까 싶다.

해외여행을 가기 위해 아침 일찍 비행기 표를 끊었을 때 늦잠 자는 사람은 없지만, 그깟 여행과 비교할 수 없는 다이어트는 아주 쉽게 포기하는 경우가 다반사다.

인생 2막은 자그마치 50년이다. 만약 준비하지 않은 상태에서 은퇴를 한다면 사는 동안 지옥을 맛보게 될 것이 자명하다. 지금도 돈이 넉넉하지 않아 삶이 팍팍한데, 은퇴 후 직장을 구해 지금 월급의 60% 정도 받으면 매일 돈, 돈, 돈 하면서 살 테고, 더 많은 돈을 벌기 위해 몇 푼 안 되는 퇴직금과 있는 돈 다 끌어모으고 부족한 건 은행에서 대출을 받아 자영업에 뛰어들 것이다. 거기서 성공한다면 문제 될 것이 없겠지만, 90%는 망하고 만다. 만약 그중 하나가 본인이라면, 남은 삶은 끔찍한 삶이 될 것이다.

결혼도 늦게 하게 되고 아이도 적게 출산하는 세상이다. 시간이 흐를수록 나이 많은 사람은 많아지고 반대로 젊은 사람은 적어지는 시대에 살고 있다. 젊은 사람과 경쟁해서 이길 방법은 없고, 지금의 나와 같은 처지에 있는 사람들과 환갑(還甲)이 되어서도 또 경쟁해야 하는 시대에 살고 있음을 잊지 말아야겠다. 과거에 어떻게 살았든 지금에 와서는 아무런 걸림돌도 되지 않지만, 지금 당장 노력하지 않고 게을리 살아간다면 지금 겪는 불행과는 비교도 할 수 없을 만큼 큰 불행과 마주하며 살아야 할 것이다. TV 드라마에 나오는 주인공은 하나같이 잘생기고 예쁘며, 좋은 집과 좋은 차를 소유하고 좋은 직장에 다니면서 당당하게 살아간다. 그 모습이 지금 당장은 부러울 수 있겠지만, 당신이 자기 자신을 제대로 알아가면서 살아간다면 TV 속 주인공보다 당신이 더 멋있고 예쁘다는 걸 알게 될 것이고 살맛 나는 세상이라고 느끼게 될 것이다. 그러니 시간을 '때우지' 말고 시간을 반드시 '쓰면서' 살아가도록 하자.

반지하 월세방에 살 때, 나 자신이 초라하다 느끼기도 했지만 그보다도 아이들에게 미안했다. 가난한 우리 두 사람이 부부가 되어 살게 된 건 나와 아내가 원했기 때문이지만, 아이들이 반지하에서 살게 된 건, 원하지 않았음에도 우리 부부의 아이로 태어났기 때문이다. 부모는 30년 먼저 길을 걷는다고 하는데 반지하 월세방에서 사는 것도 부끄럽고, 무엇보다 내가 살아온 삶 자체가 부끄러웠다. 입장 바꿔 내가 아이라고 했을 때, 당당하게 "저 사람이 내 아빠다."라고 말할 수 없었을 것 같다.

가난한 부모가 될지언정 창피한 부모는 되고 싶지 않았다. 틈만 나면 게임하고 TV 드라마 보고, 드라마가 끝나면 다음 주말만 목이 빠져라 기다리는 한심한 모습의 아빠로 기억되는 게 싫었다. 그래서 결심했다. 내가 할 수 없는 일은 포기하고, 할 수 있는 것에 최선을 다하면서 살아야겠다고. 그리고 제일 먼저 게임과 TV를 완전히 끊었다.

시간을 때우면서 살 때는 일평생 도움이 되지 않는 게임을 하고 TV

드라마를 봤지만, 남는 시간을 쓰면서 살 때는 나를 돌아보는 시간으로 썼다. 과거를 돌아보니 더는 그렇게 살고 싶지 않았고, 현재를 생각할 때는 하고 싶은 것이 생겼으며, 별거 아닌 다이어트와 책 쓰기, 그리고 심리상담사 준비를 했다. 내가 알고 있는 이야기를 통해 가치를 이웃과 나누며 살아가니 선생님이라는 호칭으로 불리게 되었고, 더불어 적지 않은 수입도 생겨났다. 아직도 남이 만들어 놓은 직장을 잘 다니고 있다. 앞으로 몇 년을 더 다니게 될지는 모르겠지만, 그 기간 동안 내가 나를 더욱 성장시키며 살아가려 한다.

태어난 김에 살아간다면 대충 살더라도 생각이란 것을 하면서 살아야 한다. 어떤 삶이 옳고 그른지를 생각해도 좋지만, 누구나 한 번은 겪어야 할 인생 2막을 반드시 생각해야 한다.

세상에 완벽한 사람이 없는 건 재미없기 때문이다. 빈 공간이 보이면 그 공간을 채우고, 또 다른 공간이 보이면 또다시 채우며 살아간다면 심심할 틈이 없다. 게임과 TV 드라마를 볼 틈도 없다. 나 자신도 문제가 많고, 아이의 미래도 불안하고, 부모님의 건강도 신경 써야 한다면, 우선 나 자신의 문제부터 해결해야 하지 않을까 싶다. 그러기 위해선 시간을 때우지 말고 써야 한다.

그것이 행복으로 가는 지름길이다.

6.

꿈은 꾸는 게 아니라 행동하는 것

잠자면서 꿈을 꾸는 것은 말 그대로 꿈이다. 꿈속에서 부잣집에 살거나 유명한 영화배우가 되어도, 잠에서 깨는 순간 물거품이 된다. 그러나 내가 원하는 꿈을 이루기 위해서 준비하고 행동한다면 그땐 꿈이 아니라 현실이 된다.

어느 날 책을 한 권 출판하고 싶다는 마음이 생겼다. 동물은 죽어서 가죽을 남기고 사람은 죽어서 이름을 남긴다고 했는데, 막상 죽으면 내 이름은 얼마 못 가 잊힐 것 같았다. 내 이름을 남길 수 있는 방법은 책 한 권을 남기는 것이라 생각했다. 출판하기 위해선 우선 글을 써야 한다는 걸 알았고, 잘 쓰든 못 쓰든 무조건 쓰기 시작했다. 책 한 권 읽지 않았고 글은 더더욱 써본 적이 없지만, 그나마 다행인 건 소설이 아니라 내가 뚱뚱하게 살았던 나의 이야기를 쓴다는 것이었다. 그 덕분에 글솜씨는 없지만 원고는 술술 써내려 갈 수 있었다. 글을 쓰기 시작해 한 달 만에 원고를 마감했고, 출판사와 계약하고 두 달이 채 안 되어 2018년 3월, 『다이어트, 상식을 깨다』가 출간되었다. 태어나서 단 한 번도 작가라는 꿈을 꿔본 적이 없다. 어느 날 책을 내고 싶다는 마음이 생겨서 남는 시간 동안 글을 썼을 뿐인데, 대한민국의 내로라하는 대형 서점에 내가 쓴 책이 진열되었다. 꿈이 아닌 현실이 되었던 것이다.

사람은 보이는 만큼 볼 수 있다고 했다. 보이지 않기 때문에, 몰라서 못하는 경우도 있다. 직장에서 직업을 구하라는 이 말은, 말 그대로 직장 다닐 때 직업을 구할 수 있는 기회가 많고 시간도 엄청나게 많이 있음에도 남의 집 불구경하듯 하는 사람이 많기 때문에 쓰고 있다. 사람들 중에서 본인의 삶에 만족하는 사람보다 만족하지 못하는 사람이 많다. 나를 포함한 대부분이 그렇다. 지금도 만족하지 못하는 삶인데 짧게는 10년, 길게는 20년 후 오늘과 같은 삶을 산다면, 지금보다 더 만족하지 못하는 삶이 나와 당신을 기다리고 있을 게 뻔하다.

태어났을 때부터 지금까지 힘들게 살았다. 어렸을 때는 어린 치기로, 젊었을 때는 젊음의 열정으로 힘들게 살아도 버틸 수는 있었지만, 나이를 먹으면 먹을수록 버틸 여력이 사라지고 자신도 없어지기 때문에 이왕 살아야 한다면 힘들게 살고 싶지 않다.

누군가는 책 쓰기가 힘들고 다이어트가 힘들다고 한다. 두 가지 모두 해본 나로서는, 얻는 결과물에 비해 힘든 게 전혀 없었다. 책 한 권의 분량을 쓰는데 30일 걸렸고, 탈고와 퇴고를 하는데 1주일 걸렸다. 여전히 글을 쓰면서 작가라는 호칭으로 불리고 있고, 나의 아이들과 엄마 또한 나를 작가라고 소개한다. 내가 얻은 것에 비해 들인 품이 너무 적어 오히려 송구스러울 뿐이다. 다이어트 또한 겨우 243일 하면서 30kg을 감량해 건강을 되찾았고 1만 원짜리 옷도 쇼핑하면서 행복한 감정을 느꼈다. 이것은 다른 것과 비교 자체를 할 수 없을 정도의 기쁨이었다.

하찮은 글쓰기와 다이어트도 이러한데, 인생 50년이 걸린 직장에서 직업을 구하는 것이 힘들 리 없다. 하루 24시간 남들과 같은 시간을 살면서 가치를 올리는 것 중에서 불가능한 몇 가지를 포기하고, 그 시간에 나의 가치를 올릴 수 있는 행동을 하면서 살아간다면 인생의 2막이 두렵지 않을 것이라고 확신한다.

　게임은 당장 재밌지만 내가 얻는 건 하나도 없다. 게임 속 캐릭터는 성장하는 것 같은데 정작 나 자신은 피폐해지고, 게임으로 인해 스트레스 또한 심했다. 게임을 끊고 나서는 24시간 자유로웠다. 어떤 아이템을 먹었는지 신경 쓸 필요도 없고, 잠자는 동안 오토로 돌려놓은 캐릭터가 죽었는지 걱정할 이유도 없었다. 게임 속 캐릭터를 죽이고 실제 나 자신을 세상이란 게임 속 캐릭터라 생각하니 살아가야 할 이유가 생겼다. 마치 게임 캐릭터를 키우듯 나 자신을 발전시키며 살아가니 매일매일 해야 할 일이 있었다. 하루라도 하지 않으면 게임 속 캐릭터가 허접해 지듯 나 자신이 허접해 질 것이라는 두려움에 처음에는 의무감을 가지고 나의 가치를 올렸고, 나중에는 의무가 습관이 되어 자연스럽게 매일 하게 되었다.

　게임하고 TV 드라마에 빠져 살 때는 할 일이 없어 남과 비교하면서 우울한 삶을 산 반면, 내가 세상이란 게임 속 캐릭터가 되어 살아가니 할 일이 넘쳐 우울할 틈이 없었다. 한동안 다이어트를 하면서 다이어트 전도사가 되어 다이어트의 장점을 알리며 많은 사람이 다이어트하게끔 유도했고, 책을 쓰면서 작가의 삶에 푹 빠졌다. 글쓰기 또한 가치를 올리는 데 큰 도움이 되는 것을 알았고, 지금도 이렇게 글 쓰는 삶, 글쓰기 전도사가 되어 살아가고 있으니 우울할 틈도 없었다. 매일 내가 하고 싶은 것을 하며 살고 있는 것 자체가 행복이라 여기고 있다.

　과거에는 남들의 인식을 중요하게 여기며 살았지만, 지금은 남들 시선 따위를 신경 쓰지 않는다. 그래도 내 아이들의 시선만큼은 신경 쓸 수밖에 없다. 게임하는 아빠보다는 글 쓰는 아빠가 낫다고 생각하고, 불안한 심리로 사는 아빠보다는 아픈 사람의 마음을 들어주는 심리상담사 아빠가 낫다고 생각한다.

게임과 글 쓰기는 어디까지나 취미이지만, 사람들은 엄연히 다른 시선으로 본다고 생각한다. 남들이 그렇게 보면 나의 아이들도 그렇게 보게 되니, 자랑스러운 아빠보다는 부끄러운 아빠로 남기 십상이다. 아이가 있는 사람은 아이의 미래를 걱정하다가 자신마저 불행하게 사는 사람이 제법 있다. 아이의 미래가 걱정되어 상담하는 사람이 있을 때면 부모님이 먼저 행복하게 살면서 행복한 환경을 만들어줘야 하는 게 아닌지 되묻곤 했다. 욕하는 부모 밑에서 아이는 욕을 배우고, 행복한 환경에서 자란 아이는 행복한 환경을 만드는 법을 배운다. 매일 입으로만 꿈을 이야기하는 부모가 있다면, 아이 또한 행동으로 옮기지 않고 입으로만 한다고 말하면서 부모의 모습을 그대로 따라할 확률이 높아진다. 다이어트할 때 종종 했던 말이 있다.

"엄마는 뚱뚱하지만 너희는 뚱뚱하면 안 돼."

이왕 시작한 다이어트, 싸구려 음식에 포기하지 말고 끝까지 하자는 의미로 자주 했던 말이다.

직장에서 직업을 구하지 못하면 아이들에게도 그 영향이 미치게 마련이다. 젊었을 때는 부모로서 아이 걱정하지만, 나이를 더 먹게 되면 반대가 된다. 지금의 당신이 부모를 걱정하는 것처럼 아이 또한 훗날 부모에 대한 걱정을 짊어질 수 있다.

오늘 하루가 힘들다고 말하는 사람이 많다. 이왕 힘든 하루를 살아간다면 조금 더 힘들게 사는 건 어떨까? 뚱뚱했을 때 몸이 무거워 힘들었지만, 다이어트할 때도 힘든 하루는 마찬가지였다. 그러나 시간이 지날수록 힘든 게 점점 줄어들었고, 뚱뚱한 내 모습을 추억으로 만들 수 있었다. 엄마가 꿈을 꾸기만 하면 아이도 꿈을 꾸기만 하겠지만, 꿈을 위해 아주 소소한 행동을 시작한다면 그때는 꿈을 꾸는 것이 아니고 이루기 위해 사는 것이기 때문에 보기도 좋고 말하기도 좋다.

다이어트해서 30kg을 감량했다. 다이어트를 하니 완전 새로운 삶을 경험하게 되었고, 그 삶이 너무 좋아 내가 아는 뚱뚱한 사람들에게 다이어트에 성공한 삶을 전했다. 더 나아가 내가 모르는 사람들에게도 알리고 싶었고, 책이라는 매체를 선택해서 나의 경험을 이야기했다. 책이 출간되자 온라인이 아닌 오프라인에서 강연하고 싶었고, 강연하기 위해서는 PPT를 배워야 했다. PPT를 배우고 나서는 말하는 연습을 더 했고, '다정아카데미'를 오픈해서 향남주민들과 소통하면서 비만 문제뿐만 아니라 삶 자체를 힘들어 하는 사람을 돕고 싶어져서 심리상담사 공부를 시작했다. 또한 책을 쓰고 싶지만 어떻게 쓰는지를 몰라 방황하는 평범한 사람을 돕고 싶다는 생각에 책 쓰기 선생님으로도 살았다.

새해가 되면 다이어트를 시작하겠다는 사람이 있고, 독서를 하겠다는 사람도 있다. 하지만 행동이 아닌 생각에 그치는 사람이 99% 이상이다. 그런 사람들과 달리 나는 행동으로 옮겼다. 다이어트를 해서 30kg을 감량하면 가장 좋은 사람은 바로 나 자신이다. 그럼에도 나의 경험을 이야기 해주었고, 내가 했던 다이어트를 그대로 코치하면서 수업료를 받아 수입이 생김과 동시에 다이어트 선생님이라는 직업이 자동으로 생겨났다.

내 이름으로 된 책 한 권을 내서 가장 좋았던 사람 역시 나 자신이다. 그럼에도 나의 경험을 토대로 책 쓰기 수업을 진행했고 코칭하면서 선생님이 되어 수입이 생겼고, 책 쓰기 선생님이라는 직업이 생겼다. PPT를 배우고 스피치 수업을 통해 말을 더 잘하는 연습을 해서 가장 좋았던 사람 역시 나지만, 강연을 들으러 오는 사람은 강연비를 냈고, 나는 강사라는 직업이 생겼다. 다정 아카데미를 오픈하면서 자동으로 원장이라는 직업이 생겼고, 심리 상담을 하면서 심리상담사라는 직업 또한 생겼다.

행동하지 않고 입으로 말만하는 사람의 특징이 있다. 부정적인 시각과 자신을 비하하여 자존감을 낮추는 행위이다. 그러나 행동하는 사람은 자신의 행동을 통해 잘한 건 더 잘하려 하고, 실패를 하면 실패를 통해 더 성장하려고 하는 특징이 있다. 행동하는 사람은 일단 행동으로 옮기기 때문에 실패를 두려워하지 않지만, 입으로만 이야기하는 사람은 잘하고 싶은 마음 때문에 애초에 시작조차 못한다.

매일 글을 쓰고, 세 번째 책을 출간하기 위해 오늘도 글을 쓰지만, 여전히 글을 잘 쓴다고 말하지 않는다. 작가는 글을 근사하게 잘 쓰는 사람을 뜻하지 않는다. 만약 그렇게 생각했다면 사회적 편견일 뿐이다. 작가는 오늘도 글을 쓰는 사람을 말한다. 글을 잘 쓰고 못 쓰고는 관계없다. 오늘도 쓰는 사람과 여전히 글을 쓰지 않는 사람만 있을 뿐이다.

당신은 입으로 꿈을 말하는 사람인지 아니면 행동하면서 꿈을 이루어가는 사람인지 묻고 싶다.

"당신은 어느 쪽입니까?"

7.

직장에서 직업을 구하라

책을 집필할 때 쓰고사 하는 내용을 생각한다. 직장 다닐 때 직업을 구했으면 하는 바람으로 '직장에서 직업을 구하라'라는 가제를 적었다. 내용과 제목을 정했으면 목차를 쓰고, 그 목차를 토대로 글을 채워 나가면 된다. 만약 원고를 다 채웠다면 출판사에 투고하고, 출판사의 선택을 받으면 책으로 출간되고 만약 선택받지 못한다면 원고만 남게 된다. 책으로 출간된다면 더할 나위 없이 좋겠지만, 출간되지 못하더라도 나의 삶을 토대로 쓴 글이기 때문에 원고를 쓰는 내내 자신의 삶을 되돌아볼 수 있어 좋았고, 어떠한 성과를 바라지 않았기에 후회하지 않는다.

다이어트할 때 어떻게 하면 오랜 기간 지속할 수 있을지를 고민했고, 건강한 음식으로 배를 채우고 건강하지 않은 음식에 욕심내지 않겠다는 마음을 가졌다. 다이어트를 하면서 어느 정도 체중을 감량하자 나의 다이어트 방법을 알리고 싶다는 생각과 함께 어떻게 하면 다이어트를 내 직업으로 만들 수 있을까 하는 고민을 했다. 잘만 된다면 이 또한 직업이 될 수 있다는 판단이 들었다. 그러나 경험을 하되 욕심을 내고 싶진 않았다. 왜냐하면 직장을 다닐 시간이 아직 충분히 남았기 때문이었다.

매년 새해가 되면 하고자 하는 소원을 빈다. 그런데 이 소원을 빌기 위해 12월을 통째로 날리는 경우가 다반사고, 막상 1월이 되었을 때 꾸준히 실천하는 사람은 거의 없다. 어떤 사람은 책을 집필할 때도 근사한 제목과 완벽한 목차를 쓰기 위해 많은 시간을 투자해 공을 들이지만, 나 같은 사람은 일단 쓰고 아쉬운 부분을 수정한다. "직장에서 직업을 구하라."라고 동료 직원들에게 이야기를 하면 무엇을 해야 할지 막막하다는 이야기를 한다. 나 또한 직장에 다니는 것만큼 많은 돈을 벌지는 못하고 있기 때문에 계속 직장을 다니고 있다. 어떤 계획도 완벽하지 않고, 구체적인 대안도 없다. 그저 하고 싶은 것이 있다면 잘 못하더라도 해보는 것이다. 몸이 불편하고 건강이 좋지 않아 다이어트를 했을 뿐이고, 이름을 조금이라도 더 알리기 위해 글을 썼을 뿐이다. 누군가를 위해 한 것이 아니다. 나 자신을 위해 시작했으며, 이왕 시작한 거 끝을 보고 싶었다.

직장에서 직업을 구하라고 해서 엄청난 사업을 구상하거나 대단한 걸 하라는 의미가 아니다. 자신을 위해 부족한 부분을 채우고 건강을 지킴으로써 성장하라는 의미이고, 그 과정을 통해 더욱 단단해지다 보면 훗날에는 부족한 부분을 채운 것이 자신의 직업이 될 수도 있다는 뜻이다.

'TV 동물농장'이란 프로그램을 보면 말 안 듣는 강아지를 훈련시키는 사람이 종종 등장한다. 마구 뛰어다니는 강아지, 아무나 보면 물어뜯는 강아지, 심지어 주인도 물어뜯는 강아지가 나와도 그 훈련사의 손짓 몇 번에 순치되는 장면이 나온다. 반려견이라고 해서 이제는 강아지도 가족이라고 생각하는 시대다. 말 안 듣는 강아지라고 해서 때리거나 버리는 행동을 할 수 없기 때문에 거기 나오는 가족은 그야말로 사는 게 지옥이다. 그래서 강아지 행동만 교정된다면 소원이 없겠다고 말하는데, 강아지 훈련사가 강아지의 행동을 교정해준다면 그 고마움은 이루 말할 수 없을 것이라 생각한다.

반려견을 키우면서 고통받는 사람이 있다고 치자. 고민하고 또 고민해서 결국 강아지를 순치시키고, 더 나아가 반려견으로 인해 고통받는 사람을 위해 선한 마음을 담아 일한다면 이 또한 직업이 되지 않을까 한다.

세상에는 나와 비슷한 고통을 가진 사람이 엄청 많다. 나만 뚱뚱하지 않았고, 나만 책을 써보지 않은 것이 아니었다. 그래서 다이어트를 할 때 운동하지 않아도 되고 굶지 않아도 된다는 나의 경험을 이야기했고, 그 이야기를 글로 써서 책으로 출간했다. 나만 결혼생활이 힘든 게 아니고, 나만 아이 걱정을 하는 것이 아닌 것처럼, 누군가 본인의 경험을 이야기하고 방향을 제시해준다면 본인과 같은 처지에 있는 사람들은 힘을 얻게 된다. 그것이 선한 영향력이고, 금전적으로도 도움이 된다.

직장을 다니는 수많은 사람이 있고, 나처럼 불안한 노후가 걱정되는 사람의 수도 엄청날 것으로 생각한다. 그러나 걱정은 하면서 자신의 문제를 다른 사람의 이야기로 착각하면서 사는 사람이 주위에 너무 많았다. 사랑스러운 반려견 문제를 순치하면 행복할 것 같다는 그 마음으로 인생의 2막인 노후를 고민하고 또 고민해서 내 문제부터 해결하면 나에게 또 다른 직업이 생긴다. 예를 들어 '인생 2막 코치' 같은 직업 되겠다.

아는 게 많을수록 보이는 것도 많지만, 그보다 더 중요한 건 자세히 볼 수 있는 시선과 마음이다. 부자는 끼니 걱정하는 사람의 심정을 모르고, 건강한 사람은 암 환자의 고통을 모른다. 가난한 사람이 가난한 사람의 마음을 잘 알고, 아픈 사람이 아픈 사람의 마음을 잘 아는 것은 너무나 당연한 일이다. 그러니 나와 비슷한 처지에 있는 사람을 이해해 주고 선한 마음으로 다가서면 그것 또한 나의 가치를 올리는 행동이고 잘 사는 것이라 할 수 있겠다. 다이어트를 시작했지만 결국 실패하거나 아예 시작조차 하지 못하는 사람의 특징은 욕심을 내거나 너무 먼 곳을 보고 있다는 것이다. 살찌는데 10년 이상 걸린 사람이 한 달 만에 감량하려고 욕심을 내거나, 막연하게 오랜 기간 다이어트를 해야 한다는 막막함에 시도조차 못하는 사람이 태반이었다. 나는 다이어트하는 동안 "오늘 하루만."이라는 마음으로 했다. 막상 내일이 오면 그날 또한 오늘이니까 할 수 있었다.

오랜 기간 담배를 태우고 있지만, 흡연은 아주 나쁜 행동이다. 일단 비싸고, 냄새나고, 타인에게 피해를 주며, 무엇보다 건강에 안 좋다. 만약 하루에 담배 두 갑을 태우는 두 사람 중 한 명은 금연한 것으로 만족하고 살아가고 다른 한 명은 담배는 백해무익하다며 금연 전도사가 되었다고 한다면, 어떤 사람이 더 나은 사람이라고 할 수 있을까? 금연하여 본인이 만족으로 살아가는 사람이 대부분이지만, 그 사람들은 직업 하나를 얻을 수 있었음에도 그 기회를 걷어차 버린 것이다. 금연 전도사가 되어 하루도 거르지 않고 흡연은 나쁜 것이라 이야기하며 살아간다면, 그 사람은 건강도 챙기고 주변에 선한 영향력을 주는 사람이 됨과 동시에 직업 하나를 얻게 된다.

이렇듯 직장에서 직업을 구하는 것은 대단한 것을 하는 것이 아니라 본인의 약점을 고쳐 건강을 챙기거나 자신의 가치를 올리고 그 가치를 나누며 살아가는 것이다. 이런 행동 하나하나가 훗날 당신의 직업이 될 수 있다. 담배를 태우지 않는 사람은 담배를 태우는 사람의 심정을 알 수 없다. 그냥 단순하게 담배는 나쁜 것이기 때문에 끊으라고 할 뿐이다. 하지만 담배를 수십 년 태운 사람은 금단현상도 알기 때문에 금연하는 사람의 심정을 누구보다 잘 알 수 있어 신뢰도도 높고 라포 형성도 잘 된다.

40년 넘는 기간을 책은 대단한 사람이 쓰거나 성공한 사람이 쓰는 것이라 생각했다. 그래서 유명한 작가의 글을 읽으려고 책을 샀지만, 얼마 가지 못해 책을 덮었고 결국 단 한 권의 책도 읽지 못했다. 일단 문장이 어려웠고, 모르는 단어도 많았으며, 전혀 공감이 되지 않았다. 지금도 나는 독서를 위한 책을 살 때 주위에서 흔하게 볼 수 있는 글을 위주로 구매한다. 아이 때문에 고민하거나, 평범하지만 행복해지기 위해 애쓰며 살아가는 그런 글은 공감되기 때문에 좋다. 뚱뚱한 것은 단점이지만 다이어트에 성공하면 징점이 되는 것처럼, 유명하지 않고 대단하지 않아도 나 자신에게 부끄럽지만 않다면 평범한 사람도 얼마든지 책을 쓸 수 있다는 용기를 주고 싶다.

한때는 사소한 행동이라 할지라도 잘하고 싶었다. 너무 잘하고 싶은 마음에 더 많은 생각을 하게 되었고, 부담감은 결국 아무것도 못하게 만들었다. 여전히 잘하는 건 없지만, 무엇이든 내가 하고 싶다는 마음이 들었다면 일단 하고 본다. 무엇이든 해봐야 안다. 내가 잘하는 것인지 아니면 못하는 것인지를 알고, 재미있는지 재미없는지도 안다. 직장에서 연예인 이야기를 하면 공감되고, 드라마 이야기를 하면 대화가 술술 풀린다. 기름에 튀겨낸 밀가루에 설탕을 바르면 맛은 있겠지만 몸에는 좋지 않은 것처럼, 어떤 연예인이 누구와 사귀고 어떤 드라마 주인공이 예쁘고 멋있는 건 내 삶에 어떠한 영향도 주지 않는다. 오히려 그걸 보기 위해 시간을 빼앗기게 된다. 그러니 남들이 그런 것에 관심 가질 시간에 내 인생의 방향을 살피고, 부족한 부분 채우고, 남는 부분을 나누면서 살자. 그러면 직장에 다니는 동안 충분히 직업을 찾아낼 수 있다.

부자가 되고 싶었고, 성공한 사람이 되고 싶었다. 직장에서 개처럼 일

해도 삶은 나아지지 않았기 때문에 직장생활은 절대 해서는 안 될 일이라 생각했고, 하루빨리 자영업을 하고 싶었다. 운만 좋으면 개처럼 일하지 않아도 떼돈을 벌 수 있을 것이라는 착각도 했다. 그런데 조금만 생각해 보면, 자영업은 하기 싫어도 언젠간 반드시 해야 하는 일이다. 100년을 산다는데 정년까지 일해도 60세고, 대부분은 50대만 되어도 직장에서 버티고 있기 어렵다. 결국 먹고살기 위해 뭐라도 해야 하는데, 이왕할 일이라면 직장 생활을 할 때 미리미리 준비한다면 떼돈은 아니더라도 먹고사는데 큰 문제는 없을 것이라 생각한다.

1년 365일 중 116일이 휴일이고, 하루 24시간 중 8시간만 일해도 월급 또박또박 주니, 다닐 수 있을 때 실컷 다니면서 인생 2막을 느긋하게 준비하는 게 훨씬 큰 이득이다. 그러니 반드시 직장에서 직업을 구했으면 한다.

눈감고 20년 전을 돌아보면 과거가 좋든 싫든 또렷이 생각난다고 했다. 그러나 20년 후를 생각하라고 하면 끔찍하다고 말하는 사람이 훨씬 더 많았다.

당신의 20년 후는 어떤 모습인지 물어보고 싶다.

제5장

내가 나라서 행복합니다

컵에 물이 반쯤 차 있는 모습을 볼 때
어떤 사람은 물이 반이나 남았다고 하고,
또 다른 사람은 물이 반밖에 없다고 한다.
과거의 나는 가진 게 많았음에도 항상 불만만 가지고 있었다.
뚱뚱한 몸에 화상자국과 까만 피부,
가난해서 맨날 돈 걱정만 하는 찌질한 모습에,
개처럼 일해도 나아질 기미가 전혀 없는 내가 싫었다.
그러나 지금은 세상에서 가장 행복한 사람이 나라고 생각한다.
아침에 눈을 뜨면 일하러 갈 직장이 있고,
멀쩡한 두 다리로 얼마든지 산책이 가능하며,
여전히 돈이 없기 때문에 아주 사소한 것에도 감사함을 느끼고,
사랑하는 엄마와 아내, 그리고 우리 부부를 빼닮은 아이 셋이
모두 건강하기 때문에 남부러울 것이 전혀 없다.
내가 이 세상에 없었다면 나의 아내도 못 봤을 것이고
아이도 세상의 빛을 보지 못했을 것이다.
그것이 있는 그대로의 나를 사랑하고
나 자신의 가치를 올리며 살아가고 있는 이유이기도 하다.

1.

성공하기보다 가치 있는 사람이 되고 싶다

성공의 개념은 사람마다 다르다고 생각한다. 과거의 나는 엄청나게 성공하고 싶었다. 내가 말하는 성공은 돈 많은 삶을 말하는 것이었고, 동시에 편안하게 사는 것이었다. 그런 나의 바람과 다르게 성공은커녕 인생은 점점 망해가는 것 같았다. 단 한순간도 쉬지 않고 일했다. 조금이라도 더 돈을 벌기 위해 새벽에는 신문 배달을 했고, 온종일 지게차에서 내려오지 않았다. 그럼에도 한 달을 살아가는 건 쉽지 않았다. 사는 게 힘들었고, 힘든 만큼 불공평한 세상이 싫어서 세상을 부정하고 원망도 했다. 부정적인 시선으로 삐딱하게 세상을 봤다. 그러면서 점점 삶은 최악으로 치달았다.

아침에 일어나 시원한 물 한 잔 마시는 것이 지금은 행복이라고 생각하지만, 몇 해 전만 해도 당연한 일이라 여겼다. 세상을 당연하게 바라보는 순간 불쌍한 사람이 되고 만다. 눈을 뜨는 것을 시작으로 눈을 감을 때까지, 이 세상에 당연한 건 하나도 없다. 누군가의 힘으로 편안하게 살아가고 있고, 그 편안함을 누리면서 산다고 생각하면 행복해지지만, 반대로 모든 것을 당연하게 여기며 살아가면 세상 모든 일을 부정적으로 보게 되어 불쌍한 사람이 된다.

평생 성공을 꿈꾸며 살아왔던 내가 가치 있는 사람이 되려고 한 건, 부자가 될 수 없음을 인정하고 나서부터다. 평범한 사람이 부자가 될 만큼 돈을 많이 벌 수 있는 확률이 얼마나 될까? 그리고 무엇보다 부자가 되었다고 해서 만족하면서 살 수 없음을 주위 사람들을 보면서 알았다. 돈이 삶의 목적인 사람의 돈 욕심은 끝이 없다. 그러나 가치를 나누면서 사는 사람은 돈 욕심 자체가 없기 때문에 평생 웃으면서 살 수 있다. 나는 그것을 가수 '션'을 보면서 깨달았다.

내가 나를 사랑하기로 마음먹은 후, 어떤 행동이든 쉽게 할 수 없었다. 입에 걸레를 문 사람처럼 말끝마다 욕설을 내뱉었던 내가 언어를 순화하게 되었고, 다이어트할 때도 건강해지는 모습을 보면서 몸에 나쁜 음식을 멀리 하게 되었다.

부자가 될 수 없음을 인정하고 잘 사는 사람이 되고자 했다. 잘 사는 사람이란 관계가 좋은 사람이라고 생각했고, 구체적으로는 가족을 소중히 하는 사람이라 생각했다. 아무리 풍족하게 살아도 가족과의 관계가 좋지 못하면 아무런 소용이 없을 것이고, 평생 행복이란 단어와 멀어지며 걱정과 고민만 생기게 된다. 가족 중에서도 누구에게 많은 관심을 가져야 할까도 생각했다. 아내를 먼저 생각했고, 아이 세 명을 생각했다. 그런데 사람이 사람을 이끄는 것은 불가능하다고 판단해 나의 가치를 키우기로 했고, 만약 내 뜻대로 나의 가치를 올리며 산다면 아내도 아이들도 스스로 가치를 올리면서 성장한다고 믿었다.

물고기 잡는 법을 가르쳐 주고 싶지만, 관심 없는 사람과 가르치려는 사람은 부딪칠 것이 뻔하기 때문에 스스로 물고기를 잡고 싶어 하게끔 하는 것이 가장 좋다는 판단이었다. 결국 나부터 행동할 수밖에 없었다.

물고기를 잡아다 주는 건 적은 양이겠지만 가능한 일이었으니, 물고기를 잡아다 주는 모습을 보이며 가족들이 변화하기 바란 것이다. 첫 번째로 다이어트를 선택한 건, 아내도 뚱뚱하고 딸도 뚱뚱했기 때문일지도 모른다. 변한 내 모습을 보고 두 사람이 따라 하지 않을까 해서.

배워서 남 주냐는 말이 있다. 어렸을 때는 배워서 남 안 준다는 말로 배웠지만, 지금은 남에게 주는 것이라고 생각한다. 강아지를 잘 훈련시킬 수 있으면 훈련사가 될 수 있고, 글쓰기를 통해 책 출간하면 책 출판에 대해 가르칠 수 있으며, 네일아트를 배우면 네일아트 방법을 가르칠 수 있다. 이처럼 배워서 남 주는 것이 맞다.

배운다는 건, 평생 공부한다는 뜻이다. 학교 다닐 때처럼 수학이나 과학, 영어를 배우는 건 아니지만, 평생 무언가를 배우면서 살아야 한다. 그런 배움만이 행복으로 가는 지름길이다. 두 눈이 멀쩡하고 두 팔과 두 다리가 멀쩡하기 때문에 무엇이든 배울 수 있다. 비록 금전적으로는 여전히 가난하지만, 내가 나라서 행복한 이유가 바로 배울 수 있고, 나 또한 얼마든지 내가 경험한 것을 가르칠 수 있기 때문이다.

엉성하지만 유튜브를 하기 위해 편집과 자막을 배우는 게 좋았고, 강연하기 위해 PPT를 배우는 게 좋았다. 배움의 크기만큼 행복이 커진다는 것을 알고 난 후에는, 지긋지긋하던 직장 생활도 즐거워졌다. 내가 일할 수 있는 곳이 있다는 사실에 감사하며 웃으면서 다니고 있다. TV 드라마도 재밌고 각종 예능도 재밌으리라 생각하지만, 그보다 더 재밌는 삶은 배우는 삶이라고 생각한다. 한 편의 드라마가 끝나면 허망한 마음에 다른 채널을 찾아 돌리는 것이 전부지만, 내가 나의 가치를 올리는 인생 드라마는 나 자신이 죽는 그 날까지 끝이 없다. 그래서 재미도 있고 삶의 행복도 있다.

　사람에게는 살아가면서 중요한 몇 가지가 있다. 그 중 첫 번째는 당연히 건강이다. 아무리 수천억 원의 돈이 있다고 해도 건강을 잃어버리면 아무런 소용없다. 두 눈이 건강해야 사랑하는 나의 가족의 얼굴과 아름다운 세상을 마음껏 볼 수 있고, 두 다리가 건강해야 더 많은 경험을 할 수 있으며, 두 팔이 건강해야 사랑하는 사람을 힘껏 안아 줄 수 있는 법이다. 그러니 건강은 건강할 때 지키라는 말은 백번 옳은 말이다.

　두 번째는 돈이다. 돈이라는 것은 먹고살기 위해 반드시 필요한 도구다. 돈이 없으면 인생이 비참해지고, 삶이 매우 불편하다. 입는 것을 포함해 먹고 자는 것도 돈이 필요하며, 품위유지비처럼 각종 경조사나 손주들 용돈 또한 돈이 있어야 줄 수 있다. 나이를 먹다 보면 몸 여기저기가 아플 테니 병원도 다녀야 하는데, 이 또한 돈이 있어야 가능하다. 그래서 인생 2막은 돈을 빼놓고 이야기할 수가 없다.

　세 번째는 가치를 키우고 나누는데 있다. 사람이면 누구나 인정받고 싶은 욕심이 있고, 남과 더불어 살아야 외롭게 살지 않는다. 노인이 자살하는 이유 중 가장 큰 것이 외로움 때문이라고 한다. 지금도 결혼하지 않고 살아가는 사람이 제법 많고, 결혼하더라도 아이를 안 낳고 사는 부부가 많으며, 결혼했더라도 이혼하는 부부가 많기 때문에 앞으로 20년 후에는 혼자 사는 사람이 늘어날 가능성이 크며, 그게 당신이 될 확률도 높다. 결혼을 했든 하지 않았든, 아이가 있든 없든, 나이를 먹을수록 거동은 불편해질 텐데, 이웃에 누가 사는지도 모르는 세상에서 누가 나에게 관심을 가져 줄까 싶다. 하지만 매일 나의 가치를 키우고, 성장하며,

나의 가치에 선함 마음을 담아 나누면서 산다면 평생 할 일이 생기는 것이고, 그 일을 통해 외롭지 않게 될 테니 가치를 키우는 일은 행복으로 가는 유일한 방법이라고 할 수 있겠다.

성공하는 사람이 되기보다는 가치 있는 사람이 되어야 훌륭한 사람이 된다고 생각한다. TV 뉴스에서 성공할 만큼 성공한 국회의원이나 대기업 총수가 욕먹는 모습을 보면서 그들을 욕하면 했지, 성공했다는 이유로 그들을 존경해본 적은 없다. 반대로 연말에 수년 째 얼굴 없는 천사가 기부금을 전달했다는 기사를 접하면, 얼굴은 모르는 사람이지만 진심으로 존경하는 마음이 들었다.

우리는 가장 살기 좋은 시대에 태어나 살아가고 있다. 이러한 환경에서 살 수 있는 것은 우리가 태어나기 전에 수천만 명이 이런 사회를 만들기 위해 희생했기 때문이다. 그것을 알고 있기 때문에 나 또한 살아가는 동안 나의 도움이 필요하다면 단 한 명이라도 도와주겠다는 마음으로 살고 있다.

내가 가장 잘해야 하는 것을 생각했을 때, 가장 먼저 떠 올린 것은 나의 아이들이었다. 가난한 집안에 태어나게 한 것도 미안했고, 앞으로 어떤 비전을 가지고 살아가야 하는지 알려주지 못해 미안했다. 가난하지만 잘 사는 모습을 보여주면 아이들도 잘 살고 싶다는 마음이 들 테고, 그것이 자연스럽게 비전이 될 것란 생각이 들었다. 그래서 매일 작지만 나의 가치를 올리며 살아가고 있다.

다른 사람에 비해 매우 부족한 삶을 살아서인지, 가치를 올릴 수 있는 방법이 너무나 많았다. 책 한 권 읽지 않았기 때문에 독서를 하고, 살아왔던 지난날의 삶이 초라해서 오히려 글을 쓸 수 있었으며, 사소한 즐거움을 알기에 블로그를 통해 기록할 수 있었다. 만약 뚱뚱하지 않았다면 다이어트의 즐거움도 몰랐겠지만, 천만다행으로 뚱뚱해서 다이어트를 시작했고 성공했다.

요즘 주부들 가운데 '경력단절' 때문에 걱정하는 분이 많다. 많이 배우고 직장생활을 하고 있는데 경력이 끊어질까 두려워 걱정하는 마음, 너무나 공감된다. 그러나 걱정하고 고민한다고 해서 달라지는 건 없다. 어차피 해야 할 육아라면 고민하는 시간에 자신의 가치를 올리는 건 어떨까? 아이와 같이 성장할 시간을 갖고, 그 시간 동안 아이도 성장하고 엄마도 성장하면 좋을 것 같다. 이를테면 육아하는 과정을 글로 쓰고 책으로 출간하여 글 쓰는 주부, 책 쓰는 엄마가 되는 것이다. 그러면 경력단절로 인해 잃는 것보다 얻는 것이 더 많을 것으로 예상한다.

삶에 약점은 없다. 다만 핑계의 도구가 될 뿐이다.

2.
핑계가 가져다주는 불행의 씨앗

아이가 있다. 공부해야 하는데 선생님과 친구가 마음에 들지 않는다고 말하고, 학원이 멀다고 말하며, 맨날 내일부터 한다고 말한다. 만약 이 아이가 당신의 아이라면 어떤 말을 해주고 싶은가? 아이의 말을 곧이곧대로 믿고 선생님과 친구를 바꿔주면서 내일부터 하라고 할 부모는 없다. 오히려 핑계만 대는 아이를 나무라는 부모가 더 많다.

나 또한 그랬으니까.

뚱뚱했을 때 아내의 뚱뚱한 모습과 딸아이의 뚱뚱한 모습이 못마땅했다. 나 자신도 뚱뚱하면서 못마땅하다는 이유로 아내와 딸에게 다이어트를 하라고 다그쳤다. 아내와 딸 입장에서는 뚱뚱한 아빠가 그런 말을 하니 말 같지 않은 소리로 들렸을 것이다. 이런 적도 있었다. 엄마, 아빠는 책 한 권 읽지 않으면서 아이에게 너희는 책도 안 읽느냐며 말도 안 되는 소리를 했다.

뚱뚱하면 당연히 다이어트를 해서 정상 체중까지 감량해야 한다. 담배를 태우는 사람은 당연히 비싸고 몸에도 해로운 담배를 끊어야 하고, 술 또한 얻는 이익보다 피해가 크기 때문에 당연히 마시면 안 된다. TV 드라마나 게임 또한 그들의 상술이기 때문에 보거나 할 이유가 없다. 결혼이라고 해서 다르지 않다. 혼자 살면 속 편할 텐데 왜 굳이 잘 모르는 사람하고 살면서 원수가 될 만큼 싸우고, 아이까지 출산해 엄청난 손해를 감수해야 하는지 모르겠다. 하지만 이성적으로만 생각하면 세상 살기가 너무 어렵다.

담배를 태우지 않는 입장에서는 담배 태우는 사람을 미개한 사람으로 생각할 수 있고, 마른 사람의 입장에서는 많이 먹어서 뚱뚱한 사람을 이상한 눈으로 볼 수 있다. 결혼을 한 입장에선 결혼하지 않은 사람이 이상하고, 안 한 사람 입장에서는 결혼을 한 사람이 이상해 보일 것이다.

비만이든, 담배를 태우든, 결혼을 했든 하지 않았든 본인이 선택했으니 뭐 큰일 날 일도 아니다. 비만이라고 해서 모두가 아픈 건 아니고, 결혼했다고 모두 행복하거나 모두 불행한 것도 아니다. 그러나 알아두어야 할 사실은, 뚱뚱하면 움직이기 불편한 것은 물론 건강 악화의 우려가 있다는 것, 담배를 태우면 돈은 돈대로 나가고 남에게 피해를 주며 내 건강에 좋을 리 만무하다는 것, 결혼을 하는 순간 나 혼자 사는 것이 아님을 명심하고 만약 아이를 출산했다면 희생 아닌 희생을 당연히 감수해야 한다는 것이다. 왜냐하면 당신이 스스로 선택했으니까.

금수저를 물고 태어나지 않았다면 누구나 인생 2막을 반드시 생각해야 한다. 운 좋게 60세까지 일했다고 쳐도, 남은 40년은 무엇을 해서 먹고살지를 긴 시간을 두고 생각하며 살아야 한다.

비만을 불치병이라고 한다. 아무리 많은 체중을 감량했더라도 요요가 오기 때문에 그런 말을 하는지도 모르겠다. 하지만 비만이 아무리 불치병이라 해도 다이어트를 하겠다는 마음이 있다면 목숨을 거는 심정으로 해야 한다. 다이어트는 하고 싶지만 먹는 것도 포기할 수 없어서 며칠 하다 말면 당연히 다이어트에 실패를 할 수밖에 없다. 하찮은 다이어트도 비만으로 고통받고 있다면 반드시 해야 할 일이 되는데, 40년을 먹고살아야 할 인생 2막을 위한 준비를 온갖 핑계를 갖다 대면서 하지 않는다면 우리는 어떤 삶을 살아갈까?

사람들은 태어나서 20년 동안 배우며 살고, 10년 동안 사회에 적응하면서 살며, 다음 20년은 아이를 키우며 살아간다. 배우고 적응하면서 아이 키우고 살았다고 매 순간이 고통스러운 건 아니었다. 그 과정을 통해 즐겁고 행복했던 날이 어찌 보면 더 많았다. 하지만 오늘을 되돌아봤을 때 현재의 삶에 만족하는 사람은 얼마나 될까? 젊디젊은 지금도 만족하지 못하는 삶을 살고 있는데, 직장에서 직업을 구하지 못했다면 훗날 엄청난 후회를 하면서 입에 담기도 힘든 삶을 살아갈 확률이 높다.

다이어트 관련 일을 할 때, 다이어트해야 한다면서 온갖 핑계를 대는 사람치고 다이어트에 성공한 사람을 보지 못했다. 본인 이름으로 된 책 한 권 써보고 싶다고 이야기하는 이들에게 책 쓰기를 권하면, 돌아오는 것은 온갖 핑계였다. 직장에서 직업을 구하지 못하면 큰일 나겠다 싶어 은퇴하면 뭐 먹고살 것이냐고 물었을 때도 한결같이 뚜렷한 대답을 하지 못했으며, 지금부터 직업을 구해야 하지 않겠느냐는 물음에 지금은 바쁘고 시간 없다는 말만 되돌아왔다.

지금은 괜찮으니까 온갖 핑계를 대면서 스스로를 합리화시키는 것을 안다. 과거의 내가 쭉 했던 행동이었으니 누구보다 잘 안다. 지하 단칸방에 살면서 남과 자신을 비교하면서도 돈을 더 벌려고 하거나 돈을 아껴 쓰지 않았고, 105kg의 몸이 되어 숨 쉬는 것도 힘들 때 뚱뚱한 나 자신은 생각하지 않고 높은 언덕만 나오면 헉헉거리면서 세상을 욕하곤 했다. 나 자신이 변하면 될 것을 가만히 있는 세상이 변하길 바랐고, 세상이 변하질 않으니 사는 게 더 지옥이라 생각했다.

지금부터 20년이 지나면, 대한민국은 60대, 70대가 가장 많은 인구 비중을 차지하게 된다. 나 또한 20년 후면 65세가 되어 살아가고 있을 것이다. 어렸을 때부터 단 한 번도 내 또래와 경쟁해서 이겨본 적 없다. 초등학교 때부터 고등학교 때까지 줄곧 꼴찌를 도맡아 했고, 그 흔한 대학도 가지 못했으며, 흔한 공무원이 되거나 대기업에 입사하기는커녕 연차도 없는 그런 회사에 다니고 있다. 앞으로 20년 후에는 내 또래와 다시 경쟁하면서 살아야 하는데, 40년 동안 경쟁에서 밀렸던 내가 어떻게 그들을 이길 수 있을까?

아이가 올바르게 변했으면 하는 바람이 있다면, 아이를 바꾸는 게 아니라 나 자신이 먼저 변해야 한다. 그런데 아이가 늘상 변명하듯 보란 듯이 변명에 변명을 더해 살아간다면, 불행의 씨앗이 성장해 나무가 되고 숲이 되어 숨이 턱턱 막히는 현실을 살아갈 것이 분명하다. 내가 변하면 아이도 변하고, 내가 변명하면 아이도 배운 그대로 변명부터 하면서 살아가는 게 당연하지 싶다. 직장에 다니면서 직업을 구하고 싶다면 평소 하고 싶었던 것에 도전해라. 도전을 즐기는 마음으로, 또 나를 사랑하는 마음으로 행동에 옮긴다면 아이는 그런 내 모습을 보고 내가 걷는 그 길을 그대로 걷게 될 것이다. 그리고 나 또한 스스로 행복해지기 위한 길을 걷고 있으므로 인생 2막은 당신이 그린 그림대로 살게 될 것이다.

변명은 죄악이라는 말이 있다. 세상에 못할 게 무엇이 있나 싶다. 잘 못하고 서투른 것은 있지만, 못할 일이 뭐가 있을까? 반지하 월세방에 살았을 땐 정말이지 세상에서 가장 재수가 없는 사람이 나인 줄 알았다.

개처럼 죽을 만큼 일하면서 살았는데 나아지는 건 하나도 없었으니, 나 자신을 합리화하기 위한 착각이라도 하고 싶었나 보다. 기계처럼 일만 했을 뿐 생각이란 것을 전혀 하지 않았고, 생각이 없으니 아내가 무얼 원하는지, 아들딸이 무슨 말을 하고 싶은지 몰랐다. 그래서 아내는 아내대로 삐딱해지고, 아이들은 아이들대로 말하지 않는 습관이 들었는지 아예 부모를 멀리해 버렸다.

이제라도 그렇게 살지 말아야겠다는 마음을 먹었고, 나도 할 수 있다는 모습을 보여주기 위해 움직였다. 40년 동안 경쟁에서 날 밀어낸 그들을 이기기 위해 그들보다 10년 먼저 부족한 능력을 키우고 직장에서 직업을 구하려 하는 것이다. 아무리 능력이 없는 사람도 10년을 하면 전문가가 된다고 한다. 나의 능력을 알지만, 그래도 10년 먼저 출발한다면 내 또래를 넘어서고 더 젊은 친구들과도 즐거운 마음으로 한판 승부를 할 수 있을 것 같다.

사람이라면 누구나 차이는 있겠지만 스트레스를 받고 산다. 직장에서 일하면서 스트레스를 받고, 편안해야 할 집으로 퇴근해서도 아내는 아내대로, 남편은 남편대로, 또 아이는 아이대로 각자의 입장에 따라 스트레스를 받는다. 그럼 스트레스를 받는 이유는 무엇일까? 아주 다양한 이유가 있겠지만, 결론은 하나라고 생각한다. 내가 생각하고 행동하는 것이 올바르다고 판단했는데, 타인의 행동이 내 생각과 다르면 스트레스를 받는다. 가령 아이가 좀 더 공부를 하면 훗날 더 잘 사는 사람이 될 것 같은데, 본인의 뜻과 달리 아이가 공부는 하지 않고 맨날 놀 생각만 하고 게임이나 하고 있다면 못마땅할 것이다. 그것이 바로 스트레스다.

사람이 부처도 아니고, 스트레스받지 않고 살 방법은 없다. 하지만 적어도 스트레스를 덜 받는 방법은 얼마든지 있다고 생각한다. 사람은 생김새가 다르고 생각과 가치관도 다르다. 누군가는 지금 당장도 먹고살기 힘든 마당에 오지도 않은 미래를 위해 벌써부터 애쓰지 않아도 된다고 말한다. 하지만 지금처럼만 산다면 지금과 다르지 않은 미래를 살 확률도 높다고 이야기해주고 싶다.

나는 세상에서 나를 가장 사랑한다. 다이어트할 때도 그랬고, 매일 글을 쓸 때도 그런 마음을 단 한 번도 벗어 던진 적이 없다. 다른 사람은 속일 수 있지만, 나 자신을 속일 방법은 단 하나도 없었다. 미래가 어두워 고생의 끝이 보이지 않는 것을 경험했고, 그 끝에 자살이라는 극단적인 행동을 하게 하였다. 자살에 실패한 후 더 나은 미래를 위해, 또 나를 위해 더는 핑계 대지 않았기로 했다. 잘하든 못하든 일단 해보는 것이 습관이 되어 오늘을 살아가고 있고, 과거의 나처럼 사는 사람이 없길 바라는 마음에 매일 글을 쓰고 있다. 누가 보든, 보지 않든 상관없다. 남을 의식하는 것 자체가 스트레스니까.

스트레스를 덜 받는 가장 좋은 방법은, 나답게 사는 것이다.

3.
내가 만든 나만의 세상

생각은 말이 되고, 말은 행동이 되며, 행동은 습관이 되어 삶이 된다고 했다. 누가 한 말인지는 모르겠지만 맞는 말이다. 이왕 사는 삶, 잘 살자고 다짐한 후 지인을 만날 때마다 꿈이 무엇이냐, 취미는 무엇이냐 물어보곤 했다. 구체적으로 대답한 사람보다는 그런 거 생각할 여유가 없다고 대답한 사람이 더 많았고, 대답한 사람들 중에서도 시골에서 농사나 지으며 살고 싶다거나 전국 방방곡곡을 돌아다니면서 아내와 평생 함께하겠다는, 상상 속에서만 가능한 꿈을 이야기했다. 남의 이야기이고 그들의 꿈에 대해 평가를 하고 싶은 마음은 없다. 하지만 그 꿈을 위해 지금 당장 무엇을 하고 있느냐는 질문에는 모두 쉽게 대답하지 못했다.

나도 하루를 살지만 직장 동료 또한 하루를 산다. 취미 또한 제각각이다. 가장 많이 하는 취미는 단연 게임과 TV 시청이다. 게임이라고 해서 무조건 나쁘고, TV 시청이 무조건 나쁜 것은 아니다. 하지만 내가 오랜 기간 해본 결과, 나에게 큰 득이 되지 않았다. 그래서 지금은 게임과 TV 시청 대신 한국사 공부, 심리 공부, 다이어트 공부, 요리 공부, 컴퓨터 공부, 글쓰기 공부, 여행, 경마, 독서 등을 하면서 살아가고 있다. 각종 공부를 한다고 해서 게임이나 TV 시청할 때 보다 더 부자가 되었냐는 질문에 "그렇다."라고 대답할 수는 없지만, 과거보다는 잘 사는 삶을 살고 있다고 힘주어 말할 수 있다.

　남이 만들어 놓은 일터에서 일하고 있다. 만약 70세가 넘어 80세가 되어서도 직장에서 나를 거두어 준다면 일하는 기계가 되어 근무 시간에 충실하고, 퇴근하면 내 시간에 충실하면서 생을 마감해도 후회하지 않을 것 같다. 그러나 현실적으로 그럴 일은 없고, 입장 바꿔 생각해도 절대 그런 일을 벌이지 않을 것이다.

　오랜 시간 일할 수 있는 직장을 만들어 놓은 회사를 감사하게 생각하고, 회사 또한 오랜 시간을 함께해준 직원에게 감사하는 마음을 간직한 채 아름다운 이별할 수 있는 방법이 무엇일까 생각해봤다. 일하는 동안에는 상생할 수 있지만, 이별한 뒤의 삶은 오롯이 직원들의 몫이 된다. 아무리 20년, 30년을 함께 했더라도 회사를 원망할 필요도 없고, 해서도 안 된다. 애초에 회사는 이익을 목적으로 설립되었기 때문에 사람보다는 돈을 더 앞세우는 건 당연한 일이다. 만약 젊은 시절을 회사에 바쳤는데 늙은 몸이라고 내쳐지는 것이 조금이라도 억울하다면, 회사에서 나가라는 소리를 하기 전에 직장에서 직업을 구한 뒤 스스로 회사를 버리면 된다. 당신이 회사를 버렸다고 해도, 회사는 직원들처럼 억울하다는 소리를 하는 대신 당신을 응원해줄 것이다. 그러니 직장에서 직업을 구하라는 것이다.

　이것이야말로 아름다운 이별 아니겠는가?

　세상을 죽어라 원망도 해봤지만, 세상은 내 곁으로 오지 않았다. 하지만 내가 세상에게 묵묵히 다가서니 세상은 곁을 허락했다. 그리고 알았다. 내가 만든 나만의 세상이 가능하고, 그런 세상에서는 내가 나이기에 행복한 삶을 살 수 있다는 것. 사람들은 대단한 꿈을 꾸거나 특별한 행복을 원하지 않는다는 것을 안다. 그저 가족 모두가 건강하고, 남편은 남편대로, 아이는 아이대로, 아내는 아내대로 각자 주어진 일을 다 하면서 소소한 행복을 느끼면 된다고 한다. 남이 만들어놓은 세상 속에 녹아들어 소소한 행복을 느끼고 살면 그 또한 감사할 일이지만, 결코 쉬운 일이라 할 수 없다.

세상에서 가장 힘든 것이 평범하게 사는 것이다. 아무리 평범하게 살아도 더 위에 있는 사람과 비교를 하면 했지, 나보다 못한 사람과 비교를 하지 않기 때문이다. 어차피 죽는 그 날까지 만족하지 못한 삶을 살 바에는, 부족하지만 내가 만든 나만의 세상에서 사는 게 백번 속 편할 수 있다. 왜냐하면 내가 만들었으니까. 누구와 비교를 할 수가 없으니까.

직장에서 직업을 구하기 위해 자신이 하고 싶은 것, 좋아는 것이 무엇인지 생각하고, 생각났으면 행동하면 된다. 이보다 쉬운 일이 어디 있을까 싶다. 좋아하고, 하고 싶은데 무엇이 두려워 못할까? 다이어트를 하고 싶었다. 해야 할 이유는 무수히 많았고, 어떠한 대가를 바라지 않았으며, 성공만 한다면 이 또한 행복한 삶이라 생각했다. 그래서 직장에 다니면서 나 자신을 위해 묵묵히 했다. 또 어느 날, 하고 싶은 말 많지만 들어주는 사람 없어서 글을 쓰고 싶었다. 글을 쓰면서 세상에서 가장 불쌍한 사람이 나라고 생각하던 마음이 나 정도면 많은 걸 가지고 있다는 생각으로 바뀌었고, 나보다 딱한 사람들이 눈에 보이기 시작해 난생처음 정기기부라는 것도 하게 되었다. 글쓰기 역시 평소 TV 보던 시간에 충분히 할 수 있었고, 이내 책으로 출간되었다.

유명한 사람이나 나쁜 범죄를 저지른 사람만 TV에 출연하는 줄 알았다. 그런데 방송국에서 직접 나를 찾았고, TV에 출연하는 것 또한 직장에 다니면서 할 수 있었다.

사람들은 본인에게 시간이 넘쳐나는 것을 알면서도 시간이 없다는 말을 눈 하나 깜짝하지 않고 한다. 하루를 살면서 반드시 해야 할 일이 얼마나 될까? 1년 동안 남는 시간을 합치면 진짜로 책 10권은 더 출간할 수 있다. 글 쓰라고 하면 커피부터 타고, 집에서는 글 안 써진다며 커피숍으로 가고, 책상 꾸미고, 노트북 꾸미면서 연예인 검색하고, 여행 검색하면서 글 못 쓰는 핑계 만드는데 시간을 허비한다. 그러면서 시간이 없다고 한다. 어지간한 사람은 직장을 다니는 시간만큼 남는 시간이 생기지만, 해외여행 가고, 가족여행 가고, 친구 만나고, 이웃 만나고 할 일 다 하면서 남는 시간에 가치를 올리려고 하니 절대 올리지 못하는 것이다. 또한 절박한 마음이 전혀 없는 이유도 한몫할 테고.

옷 하나를 구매할 때도 여러 번 생각하는 것이 사람이다. 인생에 있어 가장 중요한 노후는 여러 번이 아니라 매일 생각하면서 살아야 한다. 다이어트를 결정했을 때 지금 하지 않으면 내일은 할 수 있을지 생각했다. 오늘도 못하는 건 내일도 할 수 없지만, 오늘 조금이라도 한다면 내일은 더 많이 할 수 있다는 자신감에 일자무식인 나도 두 권의 책을 쓴 작가로서 살고 있다. 그리고 나 같은 사람도 이렇게라 살아가니 더 많은 걸 가진 당신도 할 수 있다는 동기를 부여해주고 있다.

내가 만든 나만의 인생은 남의 기준에 의해 결정되지 않는다. 오롯이 내 결정에 의해 행복의 잣대가 결정된다. 그렇기 때문에 스스로와 한 약속에 대해서만큼은 어떠한 핑계도 대서는 안 된다.

행복한 노후를 위해서는 돈도 돈이겠지만 영원한 1순위는 건강이다.

비만으로 인해 아프다면 지금 당장 다이어트를 하고, 적당한 운동을 통해 근력도 꾸준히 키워야 한다. 그래야 훗날 여행을 가더라도 튼튼한 두 다리로 걸을 수 있다.

건강을 하루아침에 만들 수도 없고 만든다고 하더라도 유지를 못하면 소용없듯이, 매일 나를 사랑하는 마음으로 다가서야 한다. 은퇴 후 내가 만든 나만의 직업을 통해 직장 다닐 때처럼 일터에서 먹고 사는 문제를 해결함으로써 더 당당한 삶을 살아야 한다. 하늘이 준 선물과도 같은 인생, 세상의 주인공이 되어 살면 그보다 더 가치 있고 큰 행복은 없다고 생각한다.

성공과 실패와 같은 단어는 결과물이 만들어 놓은 단어다. 내가 살아보니 성공도 없었고 실패도 없었다. 아무리 잘해도 미흡하고, 아무리 못해도 안 하는 것보다는 낫기 때문에 세상은 하는 사람과 하지 않는 사람만으로 구분된다고 생각했다. 똑같은 24시간을 살고 있기 때문에, 사람들은 인생 2막을 고민해야 한다. 어떤 사람은 말도 안 되는 핑계를 대면서 살아가겠지만, 나와 뜻이 같은 사람은 오늘이 곧 내일이고, 미래라고 생각하기 때문에 오늘 하루를 즐기면서 살아간다고 본다.

긴긴 세월 남이 만들어놓은 시스템 위에서 살아왔다. 초등학교, 중학교, 고등학교를 다녔을 때도 그랬고, 처음 직장생활 했을 때도 그랬다. 그냥 남들이 다 하니까 나도 해야 한다고 생각했을 뿐, 나의 의지보다는 의무에 따랐다는 표현이 더 맞을 듯싶다.

나이는 숫자에 불과하다는 소리가 있지만, 노안도 오고 몸이 점점 뻣뻣해지는 것을 나 자신이 느끼고 있다. 젊었을 땐 젊다는 이유 하나만으로 남이 만들어 놓은 일터에서 일할 수 있었지만, 10년 후만 되더라도 남이 만들어놓은 일터에 나의 자리는 없을 거라는 사실을 안다. 그래서 오늘도 후회 없는 하루를 보내기 위해 세상의 주인공인 나는, 내가 할 수 있는 일을 묵묵히 할 뿐이다.

어른이 되어가면서 크고 작은 결정을 나 스스로 했고, 여전히 진행 중이다. 아침에 눈을 떴을 때 곧장 기상할 것인지 아니면 좀 더 잘 것인지를 결정하고, 출근을 일찍 할 것인지 늦게 할 것인지를 시작으로 출근길부터 퇴근을 거쳐 잠들 때까지 모든 것이 나의 선택이다. 나의 삶 역시 나의 선택으로 결정되는 만큼 자신이 만들어야 하고, 이왕 만드는 삶이라면 나 자신을 좀 더 멋지게 꾸며야 한다.

여전히 금전적으로만 보면 평범한 사람과 어깨를 나란히 하기 힘들다. 돈 때문에 못해본 것도 너무나 많다. 아직 그 흔한 해외여행도 가보지 못했고, 집 거실에는 남들 다 있다는 소파도 없다. 그러나 그런 물질적인 것으로 마음에 상처 입는 걸 거부한 이상, 전혀 상관없다. 다만 오늘 눈떠서 내가 할 일을 회피하지 않았고, 앞으로도 그럴 생각이 없다는 걸 실천해갈 뿐이다. 그렇게 하루하루 시간을 지내다 보면 자연스럽게 해외여행도 갈 테고, 소파도 집안에 생기지 않을까 싶다. 직장에 다니면서 월급 제때 받고, 그 돈으로 우리 가족 밥 잘 먹이고 있다. 별 볼 일 없는 글이지만 매일 쓰고 있고, 노안은 왔지만 아직 안경을 쓰지 않고도 책을 읽을 수 있다. 그러니 금전적인 욕심을 낼 시간에 나의 인생을 만드는데 쓰겠다.

4.

눈이 앞에 달린 이유

경마 경주를 보면 눈가리개를 착용한 경주마를 심심치 않게 볼 수 있다. 눈가리개를 쓰는 경주마의 특징은 경주에 집중하지 않고 자꾸 다른 곳을 쳐다보는 것으로, 경기력 향상을 위해 눈가리개를 씌운다. 경주마는 경주에만 집중해야 하는데, 경주에 집중 못하고 매번 최선을 다하지 않는다면 그 경주마는 경주마로써의 임무를 못하는 것이다. 결국 놀이공원이나 제주도 여행지에서 사람을 태우거나 그마저도 하지 못하면 말고기가 된다. 경마 경기가 시작되면 1번 마필부터 12번 마필의 문이 동시에 열린다. 분명 시작점은 같지만, 시작하자마자 1위부터 12위까지 순위가 나뉘고, 뒤처진 마필은 좀 더 순위를 끌어올리려 하고 앞선 마필은 순위를 지키기 위해 사력을 다한다.

사람도 태어나면서부터 시작점이 다르다. 부잣집에 태어나 별 고생 없이 살아온 사람부터, 태어날 때부터 가난해 고생이란 고생은 다 하면서 성장하는 사람도 있다. 하지만 출발점이 다르다고 해도 인생이 끝날 때까지 그 순위가 유지될지는 알 수 없다. 과거에 잘 살지 못했고 여전히 잘 살지 못한다고 해서 인생 2막에 잘 살지 말라는 법은 없다. 경주마는 경기 결과에 따라 1등부터 꼴등까지 확실히 나뉘지만, 사람은 경주마와 달리 잘 사는데 순위가 정해지지 않는다.

소소한 행복에 만족하는 사람일수록 큰 욕심이 없기 때문에 웃는 일은 많고 스트레스는 적게 받을 것이다. 반대로 나이를 먹어도 스크루지 영감처럼 욕심에 욕심을 더해 살면 아무리 금전적으로 풍족하더라도 만족하지 못하기 때문에 웃을 일도 없을뿐더러 스트레스는 늘어나게 된다.

사람은 말과는 달리 시야가 좁다. 말의 시야는 무려 357°로 앞을 보고 달려도 사방을 볼 수 있다. 그러나 시력은 사람의 30% 수준이고, 적색맹이라서 빨간색을 구분하지 못한다. 말의 시야가 넓은 이유는 살아남기 위함이다. 앞만 보고 달리면 옆에 있는 적에게 잡힐 수 있어 사방을 보게 된 것인지도 모른다. 그에 반해 사람은 거의 앞만 볼 수 있다. 어쩌면 창조주가 지나간 일에 집착하지 말고 앞날에 대해서만 생각하라는 의미를 담은 게 아닐까 싶다.

과거, 세상에서 가장 불쌍한 사람이 나라고 생각할 때는 앞날이 아니라 이미 지나간 과거를 지나치게 생각하면서 살았다. "결혼만 하지 않았더라면.", "아이만 출산하지 않았더라면.", "아빠가 일찍 세상을 뜨지 않았더라면." 하는 멍청한 생각을 반복했다. 나는 잘못이 없고, 결혼한 게 잘못이며, 아이가 죄인인 양 삶을 회피했다. 얼마나 바보 같은지는 이미 돌아가신 아빠를 원망한 것만 봐도 알 수 있다.

어제까지의 삶은 되돌릴 수 없는 과거이기 때문에 추억 정도로만 생각하면 될 뿐, 그 이상 의미를 두어선 안 된다. 과거에 잘 살았던 사람일수록 더욱더 과거를 생각한다. 그 말은 지금의 삶이 별로이기 때문이란 소리와 같다. 특히 나이를 드신 어르신들이 그렇다. 젊었을 때는 황소를 맨손으로 때려잡았다는 등 허풍도 있지만, 젊었을 때 몸 관리를 좀 더 했으면 하는 말처럼 대부분이 후회가 섞인 말이 더 많고, 눈물도 많아지는 것 같다. 나이를 먹는 것만으로도 아쉽고 서러움이 많을 것이다.

사람은 태어나는 순간 누구나 공평하게 죽음을 맞이하고, 그것을 알면서도 쉽게 받아들이지 못한다. 그것이 사람이다. 그런데 어떤 사람이 특히 아쉽고 서러울까? 후회가 많은 삶을 산 사람일수록 아쉽고 서러울 것이다. 그럼 후회 없는 삶을 산다면 어떨까? 그리고 후회 없는 삶이란 무엇일까? 어떻게 해도 후회되는 것이 인생이겠지만, 최대한 많은 도전을 하고 꿈을 이루기 위한 과정을 행복하다고 생각한다면 후회하는 말보다는 잘 놀았다는 말을 더 많이 할 것이라고 본다.

눈이 앞에 달렸다면 10초만 잠깐 생각해봐도 알 수 있다. 대한민국은 60세 은퇴를 법으로 정하고 있지만 현실적으로 대부분의 직장인은 60세까지 버티지 못하고 내쫓기듯 퇴사를 한다. 100세를 산다는 세상이다. 무엇을 하며 먹고 살지를 이미 생각한 사람이라면 상관없지만, 생각하지 않았던 사람이라면 상상의 나래를 펼쳤으면 좋겠다. 장밋빛 인생이 아니라 새까만 세상이 보인다면, 지금부터라도 현실을 마주하기 바란다. 그러면 인생 2막이 어떻게 변할지는 아무도 모른다고 확신한다.

인생 2막이라고, 또 나만의 직업이라고 해서 거창하게 생각할 필요는 없다. 남이 아닌 나 자신을 위해 부족한 부분 채워 가면 그것이 인생 2막을 위한 첫걸음이다. 취미가 직업이 될 수 있는 기초가 되겠지만, 수백만 가지의 말도 되지 않는 핑계를 습관처럼 대면서 아무것도 하지 않는 것은 잘못이라고 본다. 경주마가 늙으면 질 낮은 사료를 먹고 무거운 사람을 태워 가며 무기력하게 살아가는 것처럼, 아무것도 하지 않는 사람역시 그런 삶을 살게 될 확률이 높다. 그러니 지나간 삶은 잊어버리고 다가올 삶을 바라보면서 살아야 한다.

가진 것이 많아야 행복한 줄 알았다. 여기서 말하는 가진 것이란 오로지 '돈'이었고 돈이 아니면 다 쓸데없는 것이라 여겼다. 왜 나는 이런 멍청한 생각을 하면서 바보처럼 살았을까? 두 눈은 멀쩡했지만 앞이 아닌 뒤를 봤고, 옆을 보면서 부정적인 생각을 했으며, 생각은 말이 되어 불행한 삶을 사는 눈먼 장님이 되었기 때문이다. 죽어야겠다고 수도 없이 말하며 살다가, 문득 나의 삶이 나쁘지는 않다고 생각을 하면서 2일을 차 안에서 보낸 적이 있었다.

고생은 많이 했지만, 고생할 수 있는 몸이 있으니 고생도 해보는 게 아닐지 생각했고, 아이를 세 명이나 낳는 바람에 물질적으로 고생하지만 세 아이 모두 건강하기 때문에 적어도 마음고생은 하지 않으니 손해가 아니라는 생각이 들었다. 나쁜 쪽으로 생각할 땐 모든 게 부정적이었지만, 긍정적으로 생각하니 건강하게 살아간다는 것 자체가 돈의 많고 적음을 떠나 많은 걸 가진 것이라는 사실을 깨달았다. 그 결과 행복하다는 것을 깨닫고 철부지 아이처럼 투정 부리는 일이 줄게 되었다.

24세의 큰딸은 밤새 게임하다가 오후 3시가 되어야 일어난다. 과거라면 너 죽고 나 죽자며 사생결단을 낼 각오로 아이에게 협박을 비롯해 폭력을 행사하고도 남았겠지만, 그 시간까지 게임하고 오후 3시에 일어나는 당사자는 얼마나 마음이 아플까 하는 생각이 든다. 사람이라면 본능적으로 '인정'받고자 한다. 전문직도 인정받고 싶지만, 알바생도 인정받고 싶고, 심지어 백수도 인정받고 싶어 한다. 만약 백수인 내 딸이 부모로부터 가장 먼저 상처를 받는다면, 누구에게 인정받으려 할까?

나는 내 딸을 믿는다. 내 딸이 24세가 되도록 백수로 살아가는 건 못나고 부족해서가 아니다. 너무 어린 부모를 만나 부모가 부정적으로 살아왔던 것을 그대로 보고 배웠기 때문이다. 이건 아이의 문제가 아니라 가장인 나의 문제이다. 원인 제공한 사람이 나이기 때문에 아이가 무엇을 원하고, 무엇을 고민하는지를 알아야 하며, 아이 스스로 아침 6시에 눈을 뜰 수 있게 진로를 만들어줌으로써 아이가 스스로 행복한 길로 걸을 수 있도록 해야 한다. 그래야 나도 행복한 미래를 살 수 있는 것이다.

앞을 제대로 보고 걸어야 넘어지거나 휘청거리지 않고 똑바로 걸을 수 있는데, 나는 바보 같은 아이의 손을 잡은 채 미래를 보지 않았다. 내 주머니에 든 돈과 남의 주머니에 든 돈을 비교하면서 행복의 길이 아닌 절망의 구렁텅이로 걸었던 것이다. 만약 인생 2막을 보지 않고 여전히 바보처럼 살았다면, 나이를 먹고도 아이의 행복을 저당 잡은 나 때문에 아이의 삶도 불행해졌을 것이다. 여전히 가난한데 60세가 된다고 해서 부자가 될 리 없다. 부모라는 이유로 아이에게 손을 벌리다 70세가 되었을 때 병이라도 나서 죽지 못하고 연명한다면, 병원비 또한 아이에게 떠미는 꼴이 되지 않겠는가?

눈도 두 개지만, 콧구멍도 두 개다. 그럼 콧구멍이 두 개인 이유는 무엇일까? 코는 특별한 경우를 제외하고 한 쪽 구멍으로만 숨을 쉰다. 왼쪽 콧구멍이 숨 쉬는 일을 할 때, 오른쪽 콧구멍은 교대 시간까지 정비하면서 쉰다.

사람은 하루 24시간 중 8시간은 잠을 자고 8시간은 일을 한다. 그럼 나머지 8시간은 무엇을 해야 할까? 한쪽 콧구멍이 편히 쉴 수 있도록 다른 쪽 콧구멍이 최선을 다해 숨을 쉬듯, 인생의 2막을 위해 직장에서 직업을 구하는데 8시간을 써야 한다. 그래야 내가 행복하게 살 수 있고, 가족 모두가 행복하게 살 수 있다.

인생의 2막을 위해 먹고 사는 문제를 해결하는 것도 매우 중요하지만, 가족 관계만큼 중요하지는 않다. 만약 부모님이 걱정되고 아이도 걱정이라면 이 부분을 먼저 해결해야 한다.

사춘기 아이를 볼 때 어떤 생각이 드는지 묻고 싶다. 내 아이의 사춘기 모습이 얼마 후 다가올 나의 갱년기 모습이 아닐까 하는 생각이 든다.

갱년기를 이기는 가장 확실한 방법은 오늘도 여전히 묵묵히 내가 할 일을 하는 것이다.

그러니 직장에서 반드시 직업을 구하기를 응원한다.

5.

인생은 늘 선택이다

좋은 세상에서 살아가기 때문에 무수히 많은 취미가 존재한다. 각자 취향에 맞는 것을 골라 소소한 행복을 느끼는 것은 아주 바람직한 일이다. 어떤 사람에게 물어봐도 똑같은 대답을 하는 것이 있다. 노후에 어떠한 삶을 꿈꾸냐는 질문에 한결같이 하고 싶은 것을 하면서 살고 싶다는 대답을 한다. 그런데 그 꿈을 이루는 사람은 극히 드물다. 수를 헤아릴 수 없을 만큼 많고 많은 취미가 존재하지만, 불행한 사람은 취미조차 없다고 한다. 어렸을 때는 당구와 볼링을 나름 취미생활로 즐겼다. 하지만 아내를 만나고 아이를 만나면서 먹고살기 힘들다는 이유로 취미는 사치라고 생각했다. 그러다 직장을 다니면서 골프도 해봤고 경마도 해봤다. 당구와 볼링, 골프와 경마의 공통점은 돈이 들어간다는 것이다. 돈이 들어가는 것 때문에 매일 할 수 없었다. 그러나 후회는 없다. 가끔 지인을 만나서 오락으로 할 수 있기 때문에, 할 수 있다는 것 자체에 의미를 두고 있다.

취미가 직업이 되기 위해서는 우선 매일 할 수 있어야 하고, 매일 해도 돈이 들지 않으면 금상첨화라고 할 수 있겠다. 다이어트를 하면서 30kg 감량했다. 다이어트할 때 남들은 힘들다고 하는데, 나는 도대체 무엇이 힘들다는 것인지 전혀 알 수 없었다. 오히려 다이어트는 일상의 큰 행복이라 느꼈다. 그래서 이 또한 취미라고 생각했으며, 다이어트 전도사가 되었다. 하지만 아쉽게도 243일 만에 다이어트가 끝나 더는 뺄 살이 없었다. 그러다 책을 한 권도 읽어보지 않았던 내가 글쓰기라는 아주 좋은 취미를 얻었다. 글쓰기는 비가 와도, 눈이 와도, 날이 추워도, 혹은 더워도 할 수 있다. 무엇보다 돈이 들지 않으며, 이미지도 꽤 좋다. 게임이나 경마를 취미라고 말하면 대다수가 색안경 끼고 보겠지만, 글쓰기가 취미라고 말하면 나쁘게 보는 사람이 없었다. 아직 더 살아봐야 알겠지만, 나는 다른 사람과 마찬가지로 내가 좋아하는 글을 쓰면서 인생의 2막을 살고 싶다.

지금에 와서 생각하면 당구를 쳤던 이유는 놀기 위함이었고, 볼링과 골프 역시 나의 가치를 올리기보다는 놀기 위함이었으며, 게임은 두말할 필요 없이 놀면서 시간 때우기 위해서 선택한 취미였다. 그러나 다이어트를 통해 건강을 챙기고, 글쓰기를 하면서 책을 두 권 출간한 것은 내 삶의 흔적을 남긴 것이라 가치 있는 취미였다. 그래서 현재도 진행 중에 있다. 44년을 살아오면서 매 순간 선택이란 것을 했고, 또 앞으로 살아가면서 할 예정이다. 그 선택 하나하나가 삶의 방향에 작든 크든 변화를 준다. 좋은 쪽으로 많은 영향을 끼치면 점점 큰 행복이 찾아올 테고, 반대로 나쁜 쪽으로 많은 영향을 끼치면 불행의 씨앗이 점점 자라면서 상상도 할 수 없는 불행이 찾아와 하루하루가 지옥일 것이다.

미래가 전혀 걱정 안 되고 삶이 행복하다면 지금처럼 계속해서 살면 되겠지만, 오늘 하루의 삶이 우울하고 미래를 생각할 겨를이 없다면 더더욱 미래를 생각하면서 오늘을 잘 살아야 한다. 그래야만 인생 2막의 주인공이 되어 잘 살 수 있다. 지금 삶이 우울한 이유는 무엇일까? 어떤 이유에서 삶이 힘들까? 그것은 아무것도 하지 않으면서 하지 못한다는 핑계를 본인도 모르게 내뱉기 때문이다. 하고 싶지만 하지 못하기 때문에 힘들다. 예를 들어 몸이 뚱뚱해서 우울하고 자존감도 있는 대로 떨어진 상태에 몸 여기저기 안 아픈 곳 없어 움직이는 것마저 불편한 사람은 어떤 행동을 하면 행복할까? 그리고 어떤 선택을 하면 행복할까? 두말할 필요 없이 다이어트를 하면 된다. 다이어트를 하면 건강한 몸매도 되찾고, 동시에 본인이 몰랐던 얼굴도 찾게 된다. 그 결과 떨어진 자존감은 하늘을 찌를 듯 솟아오르고, 세상에 못할 것도 없다는 생각이 들 것이며, 잃었던 건강은 서비스로 되찾게 된다. 그럼에도 불구하고 다이어트를 하지 않는 선택을 하면 행복할까? 선택은 본인 몫이다. 내가 나를 위해 다이어트를 하는데 망설이거나 하지 않을 이유는 단 하나도 없다. 그런데 대다수의 사람은 다이어트를 하지 않는 선택을 하면서 입으로만 다이어트해야 한다며 볼멘소리를 한다.

인생은 늘 선택이다. 어릴 때 공부를 선택한 친구는 공부를 선택하지 않은 친구에 비해 성인이 되었을 때 더 많은 직장 선택권이 주어진다. 나는 학교에 다니던 시절 공부를 해본 적이 없다. 공부가 재미없었고, 뒤처진 진도로 인해 수업 시간만 되면 선생님이 무슨 이야기를 하는지도 도통 알 수가 없었다.

수업 시간에 공부를 하지 못하면 어떻게 될까? 일단 학교 수업이 재미없기 때문에 딴생각을 하면서 지루한 수업 시간을 보내게 되고, 학교를 마치면 어떻게 재밌게 놀지 고민하게 된다. 그리고 학교가 끝나면 바로 놀러 가게 된다. 나 같은 경우 당구장에 다니고 담배를 피면서 학생이 다닐 수 있는 술집을 알아봤고, 또래의 이성 친구에게 관심을 가졌다. 주말이면 미팅이나 소개팅을 하였고, 그 비용을 마련하기 위해 무수히 많은 알바를 경험했다. 그 결과 다른 친구들이 대학 다닐 때 나는 아내를 만나 아이를 낳았고 죽을 만큼 고생하고 일만 하면서 살았다.

공부를 선택하지 않은 것과 철없을 때 아내를 만나 아이를 낳은 것 또한 내가 한 선택의 결과물이다. 공부를 하지 않았기 때문에 몸으로 고생했고, 철부지 부부가 결혼하여 정신과 몸이 피폐한 삶을 살았다. 그래서 그랬을까? 다이어트는 나의 지난 삶을 돌아보는 계기가 되었고, 그동안 몸에게 몹쓸 짓 했다는 사실을 받아들였다. 그리고 그동안 믹지 않았던 자연식품을 먹으면서 맛없어도 이제라도 몸을 챙길 수 있음에 감사한 마음을 가지게 되었다.

두 달에 한 번씩 피검사를 통해 건강해지는 것을 느낌이 아닌 과학적으로 진단받고 그것을 내 눈으로 확인하니 다이어트를 선택하길 잘 했다는 생각이 들었다. 더는 뚱뚱한 몸으로 나 자신에게 몹쓸 짓은 하지 않겠노라 다짐했다. 비만인 사람은 정상 체중인 사람에 비해 잘 살지 못할 확률이 매우 높다. 지금이야 건강하기 때문에 두 다리로 걷지만, 죽는 날까지 걸을 수 있다는 장담은 할 수 없다. 그뿐만이 아니라 비만은 만병의 원인이라고 한다. 의학적으로 비만은 병이기 때문에 반드시 치료를 해야 하지만, 대한민국 국민의 절반이 비만 인구라 하니 걱정을 하지 않을 수 없다.

직장에 다닐 때 우리는 또 하나의 선택을 해야 한다. 직장을 다니면서 이 현실에 만족하는 삶을 선택할지, 아니면 직장을 다니면서 직업을 구하는 삶을 선택할지. 둘 중 하나를 고민해야 한다. 그리고 고민이 끝났을 때 직업을 구해야겠다는 마음이 들었다면 또 하나를 선택해야 한다. 내가 잘 할 수 있는 것을 생각하는 것이 아니라, 내가 오랜 기간 꾸준히 할 수 있는 것을 생각해야 한다. 그리고 은퇴 시기까지 오랜 시간이 남았다면 조급해할 필요가 없으니 잘해야 한다는 마음보다 오늘도 한다는 마음을 가져야 한다. 직장에서 직업을 구하지 못했더라도 가치 있는 경험을 많이 했다면, 은퇴 후 직장에서 직업을 구하지 않은 사람과 경쟁할 때 훨씬 경쟁력 있기 때문에 무조건 남는 장사다.

어차피 1등 못하는 걸 알면서 학교를 다녔고, 베스트셀러가 되지 않음을 알면서 책을 썼다. 다이어트한다고 해서 모델이 되지 않음을 알았고, 내 아내의 속도 모르면서 심리 공부를 했으며, 아나운서가 될 생각도 없으면서 스피치 공부를 했다. 심지어 남들이 도박이라고 생각하는 경마가 취미라는, 굳이 하지 않아도 될 말을 했다. 남들을 의식하는 순간 내 인생이 아닌 남들의 인생을 사는 것이라 생각했기 때문에 나를 중심으로 철저하게 내 인생을 살아가고 있다. 한때는 무엇을 할 용기가 없었기 때문에 어떤 선택도 하지 못했다. 매일 다람쥐 쳇바퀴 돌리듯 지루한 삶을 살았고, 더 나은 삶을 원했지만 생각만 할 뿐 행동으로는 전혀 옮기지 않았다.

남편과 아내, 그리고 세상 예쁜 내 아이들은 '내 인생'이나 다름없다. 내가 웃으면 아이들이 웃을 수 있고, 아이가 웃으면 나도 웃을 수 있기 때문이다. 그렇기 때문에 행복한 삶을 살고 싶은 것이며, 어떤 삶이 행복한 삶인지 모르기에 매일 아침 눈을 뜨고 하고자 했던 것을 묵묵히 할 뿐이다. 성적은 순위가 정해지지만, 행복은 정해진 방법이나 순위가 없다. 그냥 내가 좋아하는 것을 하면서 나보다 못한 사람이 원한다면 선한 마음으로 그 방법을 알려줄 뿐이다. 그러면 값진 돈도 벌 수 있다.

노래를 못하는 사람 중에서 본인이 왜 노래를 못하는지 아는 사람은 없지만, 노래를 잘하는 사람은 노래 못하는 사람이 무엇 때문에 노래를 못하는지 금방 알 수 있다. 노래를 잘하는 사람이라도 재능을 잊고 살아간다면 쓸모없는 재능이 되지만, 음치로 고통받고 있는 사람에게 다가가 그 재능을 발휘한다면 한 사람의 자존감을 올려주는 고마운 사람이 될 수 있다. 하느냐 마느냐의 선택은 그들의 몫일 뿐이다. 정말 재능이 없는 사람이 있을까? 그런 사람은 없겠지만, 만약 있다면 재능 있는 사람에게 배우고, 당신과 같은 사람에게 손을 내민다면 그것이야말로 진정한 가치가 아닐까?

도전하는 것이 두렵습니까?

실패하면 어쩌나?
두각을 나타내지 못하면 어쩌나?
돈을 많이 벌지 못하면 어쩌나?
정상까지 도달하지 못하면 어쩌나?
누가 뭐라고 하면 어쩌나?

이렇게 망설이다 소중하고 귀한 우리의 인생이 끝날 수 있습니다.

6.
나의 거울 그리고 당신의 거울

한참 글을 쓰고 있는데 누가 "당신 같은 사람이 무슨 글을 쓰냐? 당장 때려치워라."라고 한다면 나 자신이 글을 쓸 수 있는지에 대한 자격 여부를 떠나 굉장히 기분이 나빠 싸움 안 나면 다행이다. 그런데 다른 사람에게 들어도 이토록 기분 나쁜 말을 나 스스로 하는 건 아닐까?

'나 같은 사람이 무슨 책을 읽어?'
'나 같은 사람이 무슨 글을 써?'
'나 같은 사람이 무슨 장사를 해?'
'나 같은 사람이 무슨 요리를 해?'
'나 같은 사람이 무슨 다이어트를 해?'
'나 같은 사람이 무슨 심리 공부야?'
'나 같은 사람이 무슨 강연이야?'
'나 같은 사람이 무슨 한국사 공부야?'

나 같은 사람이라는 생각에 포기하고 안 한다고 치자! 그럼 하지 않으면 행복할까? 아니면 나의 가치가 올라갈까? 해도 그만, 안 해도 그만이라면 딴생각하지 말고 일단 하는 게 맞다.

"올해 초등학교 졸업하고 중학교에 들어가는 막내아들은 의무교육이 끝나는 3년 후, 고등학교에 보내지 않을 생각이다. 어차피 보내봐야 1등도 하지 못할 것 같고, 1등이 아니라면 보낼 이유도 없다. 나 또한 이 글을 끝으로 책을 쓰지 않을 생각이다. 어차피 베스트셀러가 되지 못할 책, 쓸 필요가 없기에 그렇다. 오늘부터 굶을 작정이다. 어차피 먹어봐야 세상 최고의 요리도 아닐 텐데 먹을 이유가 있나? 차라리 쫄쫄 굶는 게 낫다. 5년 동안 운영해왔던 블로그도 파워블로거가 되지 않았기에 쪽팔려서 디는 하지 않을 생각이다. 내가 읽는 책도 최고의 책이 아니기 때문에 독서도 끊을 생각이다."

미국의 유명한 심리학자 매슬로는 부모는 자기 존경의 욕구에 몸부림치는 사람들이라고 말했다. 생리적인 욕구인 먹고, 자고, 싸는 기본적인 욕구가 해결되면 안전과 안정의 욕구가 생기고, 안정적인 삶을 살게 되면 가족 등 어딘가에 소속되고 싶은 욕구가 생기며, 그 욕구가 완성되면 자기 존경의 욕구가 생겨 인정받고 싶고 이해받고 싶어 하며 더 나아가 존경받는 사람이 되려 한다. 그러면서 존경받기 위해, 또 이해받기 위해 교육을 통해 자아실현의 욕구를 채우게 된다. 이것은 사람이라면 누구나 다 해당하는 심리지만, 그럼에도 불구하고 하고자 하는 의욕이 없어 남들에게 쉽게 상처받고 상처를 스스로 치료하지 못해 본인의 스트레스를 힘없고 죄 없는 가족에게 돌리는 몰상식한 행동을 한다.

나 자신의 가치를 올리는 것은 어렵다 판단해 남의 가치를 깎아내리기 위해 흉을 보거나, 잘난 사람을 깎아내리기 위해 본인 주변의 더 잘난 사람을 이용하고, 본인의 이야기가 아닌 남의 이야기를 대화 내용으로 삼는다. 밥을 먹거나 술 마시면서도 상대방과 대화를 하지 않고 남을 안

주 삼아 이야기하는 것이 여기에 해당한다.

나는 남을 많이 의식하는 사람은 아니지만, 책 한 권 써 본 적 없고 독서도 하지 않는 사람이 책 써서 얼마 벌었냐는 질문도 받았고 돈도 안되는데 힘들게 뭐 하러 쓰냐는 말도 들었다.

나 스스로 먹고, 자고, 쌀 줄 안다. 결혼도 했고 아이도 세 명이나 있다. 아직 아이들이나 아내에게 존경받지는 못하지만, 계속해서 배우며 살아간다면 언젠가는 아이들도 나를 존경하지 않겠나 싶어 끊임없이 배우고 있는 중이다. 나 자신이 나를 1등이라고 생각하면 아무것도 할 수 없고, 나를 보고 자란 아이도 나를 닮아 아무것도 못하면서 살게 된다고 생각한다. 그래서 1등보다는 나의 만족을 아이에게 알려주고, 나의 아이 또한 세상에서 중요한 건 잘하는 것이 아니라 오늘도 하고 있다는 걸 깨달을 수 있게 이끌어주고 싶을 뿐이다.

성공을 돈으로 생각하는 것처럼 인생의 결과물만 잘 사는 척도로 삼는다면 학교는 다닐 필요가 없고, 어떠한 교육도 할 필요가 없다. 거울 앞에 서서 당당한 사람이 얼마나 있을까? 거울에 비치는 모습에 당당한 사람도 있겠지만, 내면에 감춰진 모습이 불안하고 어두운 모습이라는 걸 떠올리는 사람이 대다수다. 늙어가는 모습이 보이고, 무엇을 하면서 100세까지 살아야 할지도 모르겠고, 청년 백수가 500만 명을 넘는 시대에 과연 우리 아이들이 잘 살 수 있을지 장담할 수 없는 상황인 데다 부모님 또한 언젠가는 먼 곳으로 떠날 것을 감당할 자신이 없다면, 겉모습이 아니라 나의 내면을 있는 그대로 인정해야 한다.

태어나서 죽을 때까지 배워도 끝이 없는 게 공부다. 직장에서 안정적인 직업을 구하기란 낙타가 바늘구멍에 들어가는 것만큼 어렵지만, 단지

어려울 뿐 가망이 없는 것도 아니기에 오늘도 배우며 살아야 한다. 그러면 은퇴가 두렵거나 기분 나쁜 단어로 들리지 않고 오히려 설레는 단어가 될 수 있다. 하지만 오늘도 어제와 같은 삶을 산다면 인생 2막에 행복하게 사는 것은 불가능에 가깝다고 인정해야 하며, 그날이 왔을 때 후회하지 말고 있는 그대로 받아들여야 한다. 친구 만날 시간에 부모님 한번 더 찾아가고 TV 드라마 보고 게임할 시간에 책 한 권 더 읽으면 아이도 고스란히 따라 할 확률이 높고, 아이가 조금이라도 더 올바른 길로간다고 생각한다.

내가 아는 사람 중 가족 말고 과연 몇 사람이나 가족 같은 사이로 지낼 수 있을까? 아무리 친한 이웃이라 할지라도 큰돈이나 신체 장기를 나누어 줄 수는 없다. 결국에는 불필요한 사람으로 생각하게 되는 것이다. 과거 직장에서 친하게 지냈음에도 일정 시간이 지나면 연락하지 않는 것처럼 말이다.

현재 세 번째 책을 집필하고 있다. 베스트셀러가 될지, 아니면 아무도 모르는 책으로 될지 당사자인 나는 관심이 없다. 또한 이 원고가 책으로 엮이게 될지 그냥 원고로 남을지도 관심이 없다. 지금 내가 관심이 있는 것이라고는 원고를 쓰는 것에 집중하는 것뿐이다. 직장을 다니면서 틈틈이 쓰기 때문에 꽤 오랜 시간을 공들여야 하지만, 그 시간 동안은 내게 할 일이 있다는 뜻이고 심심할 틈이 없다는 말이다. 원고가 완성되면 원고를 투고하여 출판사의 선택을 받는 것으로 목표가 변경될 예정이고, 출판사의 선택을 받는다면 베스트셀러가 되기 위해 내가 할 수 있는 모든 것을 동원할 예정이다. 마지막 목적지는 이 책을 통해 나와 비슷한 삶을 살면서 불투명한 미래를 걱정하는 사람과 최대한 많이 소통하는 것이다. 보잘것없는 나의 경험이지만 그들에게 도움이 된다면 나누고, 또 그들의 경험을 나누게 한다면 자연스럽게 또 하나의 직업을 가지게 될 것으로 예상한다.

말과 글에는 힘이 있다. 남의 말에 휘둘려 좋은 말에는 좋아라 하고, 기분 상하는 말에는 금세 얼굴을 붉히고 하루 종일 신경 쓰면서 씩씩거린다면 남의 인생을 살게 된다. 그 결과 거울에 비친 내 모습이 아니라 남의 눈에 비친 모습으로 불행한 삶을 살아가게 된다. 그러나 오롯이 나의 삶을 살아갈 땐 나 자신을 세상에서 가장 존중하게 되어 남의 말에 쉽게 휘둘리지 않기 때문에 마음에 여유가 생기고, 나를 알게 된 사람에게는 현실적인 조언을 해줌으로써 그들에게 힘을 줄 수 있다.

거울 속에 비친 모습을 보면서 내가 나라서 얼마나 좋은지를 알게 된다면 행복은 시작된다. 그리고 세상에 못할 것도 없고, 하지 않을 이유도 없으므로 바쁘게 살아가게 된다. 내가 나를 볼 수 있는 눈이 있고, 멀쩡히 서 있을 수 있는 것만으로도 큰 행복이 아닌가 한다. 아이가 안 생겨 고민하는 사람도 있지만, 아이가 생기면 육아로 힘들어하는 것이 사람이다. 이렇듯 사람의 욕심엔 끝이 없다.

거울에 비친 나의 모습을 있는 그대로 보면서 그 모습 자체로 만족하고, 부족한 것을 채워 나가는 것이야말로 직장에서 직업을 만드는 과정이라 할 수 있겠다. 뚱뚱하지 않았다면 다이어트를 할 수 없었고, 다이어트 과정에서 30kg을 감량하는 243일 동안 행복함을 누릴 수 없을 것이다. 뚱뚱한 몸이라서 다이어트를 할 수 있었고, 뚱뚱한 몸이라서 정말 행복했다. 글쓰기를 시작할 때는 맞춤법 몰라서 힘들었지만, 맞춤법 하나씩 배우는 재미도 상당했다. 컴퓨터 자판을 지금처럼 많이 쳐본 적이 없었기에 타자 속도가 점점 빨라지는 신기함도 경험했다.

어차피 하루를 산다. 있는 것에 감사하지 않고 없는 것만 보면서 불평불만을 늘어놓으며 불행한 사람으로서 오늘을 살아간다면, 생각보다 빨리 다가올 미래도 언제나처럼 불평불만만 더 심해져 나 자신을 완전히 잃은 채 살아가게 된다. 그리고 지난날 나의 삶을 반성하고 후회하면서 차디찬 눈물만 흘리게 될 것이 분명하다. 반면에 감사하고 없는 것에는 더 감사한 삶을 산다면 채워나가는 재미도 알게 되고, 내가 살던 삶 그대로 나의 가족도 살아갈 것이라 생각한다.

오늘을 산다는 것, 그 자체만으로 기적이라 하겠다. 사는 게 지옥이라고 느낄 때는 진짜 거울 보는 것이 싫었다. 까만 피부에 뚱뚱한 내 모습도 싫었지만, 어깨가 축 처진 모습은 더 싫었다. 그러나 지금은 거울을 보기도 전에 자연스럽게 옅은 미소를 지으며 나도 모르게 웃게 되었다.

어디서 나온 것인지 알 수 없는 자신감을 느끼면서 이만하면 잘 살아가는 것이라 여기게 되었다.

이런 기적적인 나의 삶 자체가 큰 행복이라 할 수 있다.

"당신의 거울은 어떻습니까?"

7.
끝은 또 다른 시작

태초로 거슬러 올라가면 집도 없었고 안전장치도 없었다. 언제 어디서든 늑대나 호랑이 같은 야생 동물의 공격을 받을 수 있었고, 여차하면 목숨을 잃을 수도 있었다. 살아있는 모든 생물의 뇌가 가지는 공통점은, 바로 위험으로부터 스스로를 지키려는 생존본능이다. 이것은 두려움의 원천이었지만, 지금은 야생 짐승한테 잡아먹힐 위험이 거의 없다. 뇌의 생존본능은 여전히 작동하는데 두려워해야 할 대상과 위험한 환경 자체가 통째로 사라져버린 셈이다.

본능적으로 위험으로부터 자신을 보호해야 하는데, 위험이 없으니까 억지로라도 위험한 대상을 만들기 위해 상상하기 시작하고, 결국 머리를 쥐어짜서 위험한 대상을 만들어 낸다. 그렇게 만들어낸 것이, '평소와 조금이라도 다른 일이 생기면 전부 위험으로 간주하는 것'이다. 다이어트할 때도 그랬고 처음 책 쓰기를 할 때도 그랬다. 심지어 지금 생각해 보면 회사 화장실 소변기나 양변기도 꼭 가는 곳만 간다. 이런 걸 보면 이 또한 안정을 찾는 본능이 아닐까 하는 생각이 든다.

담배나 술에 중독된 사람이 금연이나 금주를 하게 되면 금단현상이 일어난다. 분명 술과 담배는 몸에 해롭고 상식적으로 생각해도 몸이 거부하는 게 맞지만, 오히려 몸이 원한다. 다이어트할 때 대다수의 사람들이 실패를 맛보게 되는 원인은 배고파서가 아니라 끊임없이 당과 탄수화물을 먹고 싶다는 상상 때문에 그렇다. 이미 탄수화물 중독이 된 사람은 머리로는 탄수화물을 받아들이지 말아야 한다는 걸 안다. 그러나 몸은 계속해서 당과 탄수화물을 원하고, 원하는 만큼 섭취를 못하면 금단증상을 선물로 준다.

책도 마찬가지다. 나의 아이들이 보다 많은 책을 읽었으면 하는 바람은 독서가 그만큼 사람에게 좋은 영향을 준다는 걸 알기 때문이지만, 정작 성인은 평소 독서를 하지 않아서 몇 장 넘기지 못한다. 이는 몸에서 거부하기 때문이다. 결국 몸은 아무리 좋은 것이라 할지라도 습관을 들이지 않으면 위험으로 간주해 버린다. 머리로는 살기 위해 거부하지만, 몸이 원해서 죽게 되는 아이러니한 상황을 만든다.

2016년 10월 08일부터 정확히 243일 동안 다이어트를 했다. 다이어트를 하면서 몇 가지 든 의문점이 있었다. 그 중 대표적인 것은 "원하는 체중까지 감량한 후 다이어트를 하지 않고 아무 음식이나 골고루 먹으면 요요가 오지 않을까?"였다. 아무리 원하는 체중까지 감량하더라도 요요가 온다면 무슨 의미가 있을까 싶었다. 평생 운동할 자신도 없었고, 맛대가리 없는 무염식이나 닭가슴살은 더더욱 싫었다. 그래서 결심한 것이 '삶을 통째로 바꾸는 것'이었다. 그 방법이 요요가 오지 않는 유일한 방법이고, 내가 살아가는데도 도움이 되겠다 싶었다. 몸 안에 지방이 많은 사람을 비만이라고 한다. 지방흡입 수술을 하면 간단히 해결될 문제를 왜 어렵게 생각할까? 돈 때문일까? 그럼 돈 많은 사람 중에는 뚱뚱한 사람이 없어야 한다. 현대의학이 아무리 발달해도 비만을 해결하지 못하는 것은, 지방흡입 수술을 하더라도 식습관을 바꾸지 않으면 결국 원상태로 돌아가기 때문이다.

반지하에서 아이 세 명을 낳고 키우면서 가난이란 꼬리표를 떼지 못했다. 가진 것이 없으니 조금만 노력해도 좋아지겠지만, 나의 삶이 더 좋아지리란 기대를 할 수 없었건 생활 습관을 바꾸지 않았고 어린아이가 마치 시장 한복판에서 장난감 사달라고 떼쓰는 것처럼 행동했기 때문이다. 결국 나도 가난하고 아내도 가난하며 죄 없는 아이들까지도 가난한 삶을 살게 하였고, 더 나아가 화만 내는 나의 모습을 보여주어 아이들의 마음까지도 결국 가난하게 만들었다. 아무리 생각해도 나 자신이 한심할 따름이었다.

다이어트를 하면서 본능적으로 나의 뇌와 마음이 방해를 했다. 배는 고프지 않았고 딱히 먹고 싶은 음식도 없었지만, 끊임없이 먹고 싶다는 마음이 들었다. 그럴 때마다 이것은 본능이라고 생각하면서 오늘 하루만 참자는 생각으로 살았고, 잠자고 일어나 또 오늘이 왔을 때도 같은 마음으로 살았다. 그렇게 3주가 지나자 내가 뇌를 이겼는지 더는 이상한 잡생각이 들지 않았다.

첫 책을 쓸 때도 평소 책을 읽어본 경험도 없고 글을 쓰는 것이라고 해봐야 블로그에 맛집 소개하는 정도라서 본능에 따라 나의 뇌와 마음이 방해를 했다.

'성공하지도 못했고 여전히 가난하게 사는 내가 무슨 자격으로 책을 쓸까?', '이런 허접한 글이 과연 책이 되기는 할까?', '어떤 정신 나간 사람이 내가 쓴 책을 살까?' 등 다양한 생각이 머리를 점령했다.

온몸이 평소 글을 쓰지 않던 나에게 쓰지 못할 이유를 100가지나 선물하는 기분이었다. 하지만 다이어트를 통해 나의 삶을 통째로 바꾸는 방법을 알고 있던 나는 틈만 나면 책상에 앉았다. 글을 쓰든 쓰지 않든 그것은 중요하지 않았다. 매일 하루도 거르지 않고 책상에 앉았다. 쓰고 싶으면 글을 썼고, 쓰고 싶지 않으면 멍 때리더라도 책상에 앉아 있었다. 한 보름쯤 지나자 책상에 앉아 있는 것이 자연스러워졌고, 잘 못 쓰는 글이지만 책을 집필하기 위한 글이나 블로그에 올릴 에세이를 여전히 쓰고 있다.

243일 동안 다이이트를 했다. 그리고 다이이트 선생님을 하면서 돈도 벌었다. 동시에 적지 않은 사람과 귀한 인연을 맺었다. 글을 쓰면서 두 권의 책까지 출간해 작가라는 직업을 얻었으며, 작가를 꿈꾸는 이를 돕고 있다. 여전히 스피치 공부와 심리상담 공부를 하며, 마음이 아픈 사람에게 힘이 되려 한다. 사과 한 개를 한입에 먹을 수 있는 사람은 없다. 아무리 입이 큰 사람도 조각내서 먹어야 하듯, 한 번에 뚝딱 성공한 사람을 못 봤고, 나 또한 죽는 그 날까지 성장에 목적을 둘 뿐 성공을 볼 마음은 없다. 왜냐하면 성공에는 끝이 없기 때문이다.

학교만 졸업하면 내 인생이라 생각했지만, 초보 직장인이 되어 하나부터 열까지 배우면서 살았다. 결혼만 하면 평생 행복할 줄 알았지만, 결혼 후 아내와 원수가 되어 죽기 살기로 싸우기도 많이 싸웠다. 그래서 이제는 안다. 끝은 죽는 날이 되어야 온다는 걸. 그리고 매일 눈 뜨면 새로운 아침과 새로운 하루만 있다는 걸. 직장에 다니다 은퇴를 해도 마음 가는 대로, 몸 가는 대로 살 수도 없고 편히 쉴 수도 없음을 안다.

시간이 흘러 60세를 맞이할 즈음에는 늙은 나이라고 할 수도 없다는 것과 약 40년 동안 먹고사는 문제를 해결해야 하는 불안정한 시대를 살아야 하는 것도 안다. 지금은 인간을 위협하는 호랑이와 늑대가 없다.

하지만 직장에서 직업을 구하지 못한다면 인생이 재미없을 뿐만 아니라 끔찍한 재앙이 되어 찾아올 수도 있다.

기타를 배울 때 손가락이 아프다 못해 살이 벗겨진다고 한다. 그러다 굳은살이 박여 아픔이 없어지면 실력이 늘게 되고, 누군가를 위해 멋진 연주도 해줄 수 있다. 그런데 손가락에 가해지는 고통 때문에 포기하게 되면 영원히 기타를 잡을 일이 없다. 해도 그만 안 해도 그만인 기타도 이러한데, 뻔히 보이는 인생 2막을 누구보다 아름답고 행복하게 보내기 위해서는 하루라도 젊을 때 어떤 아픔을 맛보게 되더라도 직업을 찾아야 된다.

12살 때 아빠가 돌아가시는 바람에 가난하고 불편하게 살았고, 21세에 아이를 낳고 키우면서 41세에 처음으로 반지하방을 탈출할 수 있었다. 40년을 가난하게 살았기 때문에 부자가 될 수는 없어도 더 이상 가난하게는 사는 것은 사양하고 싶다. 반지하방을 탈출할 수 있었던 건 끝나버린 나의 인생이 아니라, 오늘부터 다시 살아가는 나의 인생이라고 생각하며 삶의 자세를 고쳤기 때문이다.

나 같은 사람도 다이어트에 성공했고 책도 썼다. 생각을 고쳐먹으면 얼마든지 삶의 방향을 바꿀 수 있다는 걸 경험했다. 뇌가 위험을 감지하고 방해를 하더라도 그 모든 건 '가짜'이므로 절대 굴복해서는 안 된다고 말하고 싶다.

"뚱뚱했을 때." 이 말은 과거형이다. 뚱뚱한 몸도 마음 하나 고쳐먹으면 추억이 되는 것처럼, 과거는 과거일 뿐이다. 과거에 목메지 말고, 현재의 고통과 불편함이 있다면 회피하지 말고, 오늘 하루 열심히 마주하면서 살아가면 그것이 무엇이든 추억으로 만들 수 있다고 확신한다. 미래는 오늘이 모여 만들어지는 것이란 사실을 잊지 말고, 내가 걷는 길을 나의 아이도 걷는다는 걸 잊지 않았으면 좋겠다.

살면서 몇 번 죽으려고 시도했다. 그런데 평생을 고생만 하다가 죽는다면 억울해 눈도 감지 못할 것 같다는 생각은 수백 번이나 했다. 나 하나 죽는다고 알아주는 사람은 없다. 시간 지나면 자연스럽게 잊혀지는 게 사람이다. 그렇기 때문에 내가 나를 알리며 살아야 한다. 요즘은 세상이 좋아져서 누구라도 마음만 먹으면 쉽게 나 자신을 알릴 수 있다. 블로그, 인스타그램, 유튜브 등 각종 SNS를 이용하면 된다. 거지가 구걸을 하더라도 인기 있는 거지가 더 많이 돈을 받고, 군고구마를 팔더라도 유명한 사람이 더 많이 판다. 5성급 호텔의 셰프가 라면집을 차려서 정성을 다 해도 개그맨 유재석이나 강호동이 라면집을 차려서 대충 끓여주는 것을 못 이기는 것처럼. 인생 2막을 위해선 SNS 한두 개 정도는 하는 게 좋다.

"우리의 인생 2막은 지금보다 더 웃는 삶이 되길 바랍니다."

『직장에서 직업을 구하라』는 여기서 끝이 납니다. 먹고 살아야 하기 때문에 어쩔 수 없이 직장을 다녔습니다. 그럼에도 불구하고 형편은 나아지지 않았고, 하루하루 소중하고 귀한 시간을 때우듯이 살았습니다. 그러다 보니 곧 다가올 미래가 어둡게만 보였고 두려웠습니다. 지금도 행복은커녕 불행한 삶을 살고 있는데, 은퇴 후 삶이라고 더 나아질 리 없었거든요.

억울했습니다. 행복하게 살고 싶었고, 반드시 그래야만 한다고 다짐하면서도 아무것도 하지 않았던 자신을 돌아봤습니다. 그리고 인정했습니다. 모든 걸 인정하고, 다시 오지 않을 과거와 아직 오지 않은 미래를 생각하는 대신 오늘 하루만 보고 살기 시작했습니다.

건강해야 노후도 있을 것 같아서 다이어트를 했고, 그 결과 『다이어트, 상식을 깨다』라는 스토리가 탄생했습니다. 과거의 바보 같은 이호재를 상상하며 더는 그런 사람이 없길 바라는 마음으로 매일 글을 썼습니다. 어렵다는 다이어트도 했고, 어렵다는 글쓰기를 매일 하고 있지만, 저도 제가 이런 모습으로 살게 될 줄은 꿈에도 몰랐습니다. 그동안 시간 때우기에 급급해서 TV 드라마에 푹 빠졌고, 365일 24시간 게임만 했던 나 자신의 변화를 『내가 나를 사랑해』라는 책으로 묶었습니다.

고령화 시대, 그리고 빠른 은퇴가 대한민국의 숙제입니다. 직장에서 직업을 구하지 못하면 지금까지 겪었던 고통은 별거 아닐 정도의 고통이 기다린다는 사실을 깨달았습니다. 나이 마흔을 넘기면서 지긋지긋하다고 외치던 회사를 얼마나 더 다닐 수 있을지 알 수 없다는 사실을 깨달았고, 불투명한 미래를 생각하니 잠을 청할 수가 없었습니다. 손 놓고 있다가는 넋 놓고 살 수밖에 없을 것이란 판단이 섰습니다. 그래서 아주 작은 것이라도 가치를 키우며 살자고 다짐했고, 욕심내지 않고 선한 마음으로 꾸준히 매일 그 마음가짐을 실천하고자 했습니다.

『직장에서 직업을 구하라』라는 책은 끝이 났지만, 아직도 저는 평생 먹고살기 위한 직업을 구하지 못했습니다. 그래도 저는 지금까지 그래왔던 것처럼 계속해서 저의 이야기를 만들고자 합니다. 2020년 3월 13일, 아내와 아이에게 직업을 만들어주고 직장을 선물하려 합니다. 제가 살고 있는 화성 향남에 '엄마는 딸'이라는 작은 반찬 가게를 열어 본인이 가지고 있는 능력을 일깨워 주려고 합니다.

15세에 엄마가 된 아내, 태어나보니 15세의 엄마를 둔 딸. 그런 환경 때문에 세상을 두려워했을 것이고, 직접 나서는 걸 꺼렸을 겁니다. 여태까지 많은 준비를 했습니다. 이제 두 모녀가 세상을 마주하면서 능력을 키울 수 있도록 디딤돌을 놔줄 때가 된 것 같습니다. 단 한 번도 사회생활을 해보지 못한 엄마. 그리고 그 길을 똑같이 걸었던 딸. 그래서 매장 이름을 '엄마는 딸'이라고 지었습니다.

'신도현'이라는 아이가 있습니다. 저를 무척이나 좋아하고 따릅니다. 가족이나 친구보다 저를 더 믿는 친구입니다. 이런 친구가 다른 아이에 비해 약간 느린 삶을 살고 있어서 저는 게을리 살 수도 없습니다. 이 친구

또한 저의 길을 따라 걸을 가능성이 높기 때문입니다. 그것이 저의 스토리가 계속되어야 하는 이유기도 하고요.

2019년 겨울은 유난히 춥지 않은 겨울이었고, 지금은 코로나19로 인해 전 세계가 어수선한 상황입니다.

정말 살다 보니 별의별 일 다 겪게 됩니다. 그럴 때마다 흔들리지 않는 삶을 살아야 합니다. 과거는 잊고 다가올 미래를 위해 오늘을 살아야 합니다. 비 오면 비 오는 대로 살아야 하고, 바람 불면 부는 대로 살아야 가족이 흔들리지 않습니다.

내가 흔들리면 나의 가족도 흔들리기 때문에 중심을 잘 잡아야 합니다. 하던 일 묵묵히 하고, 하고 싶은 것이 있다면 주저 없이 도전하서서 직장에서 직업을 구했으면 하는 바람입니다.

세상이 있기 때문에 내가 있는 것이 아니라, 내가 있기 때문에 세상도 존재한다는 것을 잊지 않았으면 좋겠습니다.

부족한 글을 끝까지 읽어주셔서 감사합니다.

2020년 햇살마저 달콤한 3월에

이호재